KB096415

내가 뭘 했다고 번아웃일까요

내가 뭘 했다고 번아웃일까요

안주연 지음

창비
Changbi Publishers

차
례

"밤에 자려고 누우면 오늘 회사에서 실수한 일, 내일 처리해야 할 일이 자꾸 생각나요. 퇴근 후에도 회사 메신저를 확인하게 되고, 업무 연락도 계속 주고받고요. 주말에는 더 심각해요. 일요일 오후부터 벌써 다음 날 출근 걱정을 하게 되더라고요. 그냥 딱 울고 싶을 때가 많아요.

어느날 버스를 타고 출근하면서 창밖을 보는데, 내 속은 시끄러운데 바깥 풍경은 너무 평화롭더라고요. 그냥 사고가 났으면 좋겠다는 생각이 들었어요. 버스가 전복되면 어쩔 수 없이 출근을 못하겠지? 이대로 입원하면 회

사 안 가도 되는데… 이런 마음까지 드니까 저도 제가
약간 걱정되더라고요."

　여러분은 요즘 얼마나 지친 상태인가요? 내가 해야 할 일과
나 자신의 삶을 어떻게 연결하고 조율하고 있나요? 번아웃 강연
을 찾은 분들이 어떤 마음인지, 어떤 상태인지 궁금합니다. 단순
히 강연 제목에 호기심이 생긴 분도 있을 테고, 평소 번아웃에 대
한 이야기를 듣고 '이거 내 이야기 아닌가?' 하는 생각이 들었던
분도 있을 것 같아요. 나는 번아웃이 분명하다, 아직 번아웃은 아
닌 것 같다, 그럴 가능성이 있다. 여러분은 어느 쪽인가요?

　본격적인 이야기를 시작하기에 앞서 여러분이 지금 어떤 상
태인지 체크해봅시다. 번아웃증후군은 직무 스트레스로 인해 소
진된 상태를 포괄적으로 가리키는 말이기 때문에 명확히 정의된
질병처럼 '진단'이라는 말을 쓰기가 애매합니다. 그래서 진단 기
준을 딱 한가지로 정리해 제시하기도 어렵지요. 그 대신 많은 학
자와 임상가가 사람들의 소진 정도를 파악할 수 있도록 만든 다
양한 번아웃 척도를 참고할 수는 있겠습니다.

　번아웃을 측정하는 여러 척도 중 가장 유명하고 널리 쓰이
는 것은 'MBI'라는 척도입니다. MBI의 M은 크리스티나 매슬랙

Christina Maslach이라는 번아웃 연구로 유명한 미국의 심리학자 이름에서 따왔고, B는 번아웃burnout, I는 목록inventory이라는 뜻입니다. MBI는 1990년대에 처음 만들어져 발전되어 왔는데요. 번아웃에 대한 최초의 논의는 감정노동자, 즉 사람들을 직접 대하는 직업군을 두고 시작되었어요. 그래서 이런 특수한 직업군을 대상으로 한 버전이 먼저 생겼고, 나중에 그 내용을 일반 사무직 등 다른 직업군에 공통적으로 적용할 수 있도록 GSgeneral survey, 즉 일반 조사 버전이 만들어졌습니다.*

　　MBI-GS는 번아웃의 주요 요소를 크게 세가지로 구분하고 있습니다. 바로 정서적 소진, 직업 효능감, 냉소(비인격화)인데요. 함께 MBI-GS의 샘플 문항**을 살펴볼까요?

> I feel emotionally drained from my work. (내가 맡은 일을 하는 데 있어서 정서적으로 지쳐 있음을 느낀다.)
> In my opinion, I am good at my job. (내가 생각할 때 나는

일을 잘한다.)

I doubt the significance of my work. (나의 직무의 중요성
이 의심스럽다.)

샘플 문항은 순서대로 정서적 소진, 직업 효능감, 냉소에 대해
이야기하고 있습니다. 이 세가지 문제를 측정하는 여러 질문을
던지고, 그에 대한 대답을 바탕으로 점수를 매겨 개인의 번아웃
정도를 판단하는 거죠. MBI에서 측정하는 이 세가지 요소는 주
로 심리적이고 내적인 문제에 초점을 맞추고 있어요.

우선 '정서적 소진'에 대한 내용입니다. 말 그대로 과도한 심
리적 부담감이 있는지, 또 무리한 요구를 많이 받다보니 개인의
정서적인 자원이 고갈되었다고 느끼는지, 그래서 에너지가 결핍
되었다고 느끼는지 확인합니다.

두번째로 과거와 현재, 또 앞으로의 업무 수행 능력에 대한
스스로의 평가와 만족감을 다룹니다. 이를 통해 자기 자신과 회
사에 얼마나 기여하고 있다고 느끼는지도 봅니다. 이 부분은 '직
업 효능감' 혹은 '개인적 성취감'이라고 부릅니다.

마지막은 개인적으로는 가장 슬프다고 생각하는 부분인데요.
현재 맡은 일에 점점 관심이 줄어들었는지, 소극적으로 변하고

직무 기여도를 의심하는지, 또 전체적인 자신감을 잃었다고 느끼는지 확인합니다. '냉소' 또는 '비인격화'라고 부르는데요. 업무를 하며 점점 지치다보면 감정이 밋밋해지고 시니컬해집니다. 그러면서 사람을 사물이나 대상으로 대하고, 모든 게 의미 없다고 느끼게 되죠. 이런 감정적인 요소들을 확인하는 구간이에요.

개인의 심리적인 문제에 주목하는 MBI의 세가지 요소 외에 추가로 소개해드리고 싶은 요소가 두가지 더 있습니다. 이스라엘의 심리학자 아리 시롬Arie Shirom과 새뮤얼 멜라메드Samuel Melamed가 만든 번아웃 진단 척도 'SMBM'에서 자세히 다루고 있는 내용이에요. 두 학자는 번아웃을 심리적인 측면 외에도 인지적 피로 축적과 신체적 피로라는 요소를 포함해 설명하고 있습니다.[*]

우선 '인지적 피로 축적'은 사고 과정이 느려졌다고 느끼거나 명료하게 생각하기 어려운 상태를 말합니다. 뭔가에 집중하기 어려운 것도 번아웃의 주요한 증상이죠. 번아웃으로 인한 인지적 피로는 곧바로 업무 효율 저하로 이어지는 경우가 많습니다. 그런데 많은 직장인들은 이런 상황에서 일에 몰입하지 못한다고 자

[*] Arie Shirom and Samuel Melamed, "A Comparison of the Construct Validity of Two Burnout Measures in Two Groups of Professionals," *International Journal of Stress Management* 13(2) 2006, 176~200면.

책하거나 스스로를 더 몰아붙이기도 합니다. 오랜 시간이 걸리더라도 업무를 완수하려고 하면서 노동시간이 더 늘어나고 번아웃이 가속할 위험성이 있어요. 또 일시적인 인지 기능 저하가 번아웃 때문임을 알지 못한 채 '내 머리도 이제 다 되었구나' '나는 끝장이구나' 하는 비관에 빠질 염려도 있습니다.

마지막 요소는 '신체적 피로'입니다. 육체적으로 힘이 다 빠져버렸다고 여겨지고, 배터리가 다 닳은 것처럼 느끼며, 아침에 일하러 갈 에너지가 없다고 느낄 수 있습니다. 또 전반적인 신체 건강 상태가 매우 나빠졌다고 생각되거나 만성통증, 소화기 질환 등 다양한 신체 질환이 나타날 수 있어요. 극심한 육체적 피로감과 여러 신체 증상이 번아웃 때문이라는 것을 자각하지 못하기도 합니다. 이 경우 당사자는 원인은 해결하지 못한 채 개별 증상에 대한 진단과 검사를 위해 병원을 방문하는 등 의료적 혼란을 겪고, 시간과 돈을 낭비할 가능성도 있죠. 쉽게 회복이 안 되니 여러 병원을 방문하거나 치료를 시도하면서 더 지칠 수 있고요.

이렇게 여러 번아웃 척도에서 다루는 영역을 크게 다섯가지로 나누어 살펴보았는데요. 여러분은 몇개의 항목에서 '어, 나 좀 저런데!' '저거 내 얘기 아닌가?' 하는 생각이 드시는지요. 사실 한 사람의 상태를 번아웃이냐 아니냐의 이분법으로 나누는 것은 적절하지 않고, 또 무조건 해당사항이 많은 사람이 실제로 중증 이상의 번아웃 증상을 경험한다고 보기는 어렵습니다. 여러 척도에서 정확한 진단 점수나 기준을 제시하지 않는 경우도 많고요. 그렇지만 절반 이상의 영역에서 '그렇다'라고 생각했거나 내가 걱정하는 사람이 이런 상태에 있다는 생각이 들면 앞으로의 이야기에 더 귀를 기울여보면 좋겠습니다.

그러면 이제부터 번아웃에 대해 차근차근 알아봅시다.

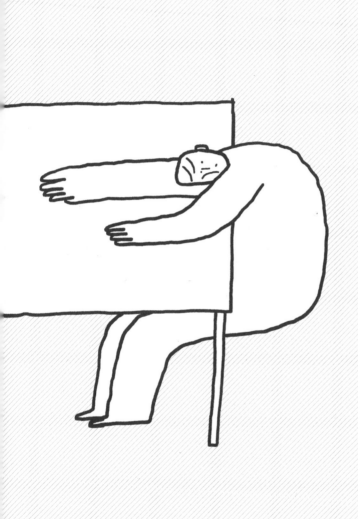

'번아웃'은 사람이 지치고 소진되었을 때 나타나는 어떤 증상 혹은 상태를 뜻합니다. 우리가 일반적으로 번아웃을 이야기할 때는 주로 직무와 관련된 상황을 가리킵니다. 내 직업 또는 학업, 작업하는 일과 관련해 굉장한 소진과 냉소, 효능감 저하 등을 느끼는 경우 번아웃이라고 말합니다. 번아웃을 업무 효율에 관한 문제라고만 생각하기 쉬운데, 사실 이 문제는 생물학적·신체적으로 영향을 주고 감정적인 문제나 심리적인 영향도 동반합니다. 몸과 마음 전반에 영향을 미칠 수 있기 때문에 주목받기 시작한 개념이죠.

번아웃을 처음 소개한 사람은 미국의 심리학자 허버트 프로

이덴버거입니다. 1974년 「상담사들의 소진」*이라는 논문에서 약물 의존 환자들을 상담하는 전문가들의 무기력함을 설명하기 위해 '소진'burn-out이라는 표현을 사용한 것이죠.

사람들이 완전히 소진되는 상황을 보면 저는 시시포스 신화를 떠올리곤 합니다. 그리스신화에 나오는 시시포스는 제우스를 속인 죄로 지옥에 떨어져 커다란 바위를 산꼭대기로 밀어 올리는 벌을 받습니다. 그런데 산꼭대기까지 힘겹게 바위를 옮겨놓으면 바위는 다시 반대편으로 굴러떨어집니다. 영원히 끝나지 않는 일을 반복해야 하는 거죠. 번아웃도 이와 비슷합니다. 마치 신화에 나오는 시시포스처럼 아무리 열심히 노력해도 소용없는 일을 반복한다고 느끼는 상태입니다. 지금 상황이 나아지거나 최소한 끝이 있으리라 생각하는 경우나 지금 하는 일에 통제감을 느끼는 경우라면 스트레스를 받더라도 버틸 만합니다. 그러나 상황이 개선될 것이라는 희망이 없고, 일을 하는 데 통제감을 전혀 느끼지 못하고, 끝없이 의미 없는 일을 반복한다고 느끼면 번아웃이 옵니다. 프로이덴버거는 이 피로감과 무기력감을 설명하기 위해 번아웃, 즉 다 타버렸다는 문학적인 표현을 사용하지 않았을까 짐

---

* Herbert J. Freudenberger, "Staff Burn-Out," *The Society for the Psychological Study of Social Issues* 1974년 겨울호 159~65면.

작해봅니다.

제가 번아웃에 대한 이야기를 준비하면서 가장 걱정했던 것은 어떻게 이 주제를 잘 다루면서도 즐겁고 재밌는 시간이 될 수 있을지였습니다. 번아웃을 궁금해하는 피로한 사람들이 더 피곤해지길 원하는 게 아니니까요. 그런데 관련된 이야기를 찾다보니 자꾸 학구적으로 탐구하게 되고, 어려운 내용들을 넣게 되는 거예요. 왜 그럴까 곰곰이 생각해보니, 제가 의대에 다니던 때만 해도 번아웃은 거의 논의되지 않던 개념이었더라고요. 이런 개념이 있었다고 해도 아주 미미하게만 다루고 넘어갔죠. 번아웃이란 개념이 사회적으로 대두되기 시작한 건 2010년대부터인데, 최근 들어 번아웃에 대한 이야기가 많이 다루어진다는 점은 꽤 시사적입니다. 직무로 인해 사람들이 계속 소진되는 현대사회에서 주목받게 된 것이죠.

포털사이트에 번아웃을 검색하면 "왜 연료 부족을 알리는 경고등이 켜졌는데도 계속 달리는가?"라는 질문이 나옵니다. 자동차의 연료가 떨어지면 차를 멈추든지 기름을 사오든지 아니면 빨리 주유소를 찾든지 해야 하잖아요? 그런데 연료 부족 경고등을 무시한 채 계속 달리는 경우를 번아웃이라고 합니다. 번아웃은 말 그대로 모두 타버렸다는 뜻입니다. 우리가 어떤 일에 후회

없이 최선을 다했을 때 으레 '하얗게 불태웠다'라는 표현을 하죠. 나무를 적절히 태우면 검은 숯이 되고, 그 숯은 불을 붙이면 오래 가는 좋은 연료가 됩니다. 그런데 그 숯에 추가로 연료를 공급해 주지 않고 태우기만 한다면요? 그러면 다시 불을 붙여도 탈 수 없 는 흰 재만 남습니다. 이처럼 불씨를 되살릴 역량마저 모두 써버 려 피로의 정도가 심해지면 성취감을 넘어서서, 건강한 일상생활 에 불편을 주는 심한 무기력까지 느끼게 됩니다. 그래서 번아웃 을 탈진증후군, 소진증후군이라고도 하고, 연소증후군이라고도 합니다. 모두 다 써버려 회복하기 어려운 상태라는 어감이 담겨 있죠.

2019년은 전세계적으로 번아웃에 큰 관심을 둔 해였습니다. 세계보건기구WHO에서는 사람의 질병과 부상 등에 대한 분류 규 정인 '국제질병분류'International Classification of Diseases, 이하 ICD를 발표 합니다. 우리나라도 ICD를 바탕으로 국내질병분류를 따로 두고 있고요. 휴대폰이 버전을 업그레이드해 새롭게 출시되듯이, 질병 분류 기준도 사회의 변화와 의학의 발달에 따라 업데이트됩니다. 세월이 흐르면서 병의 양상이 달라지거나 진단 기준이 바뀔 수 도 있고, 새로운 병이나 주요한 질병에 기여하는 인자들이 추가 되기도 합니다. 이런 경우 ICD를 새로운 버전으로 업데이트하는

데, 2018년에 ICD-11, 즉 11번째 버전이 발표되었습니다. 새로운 ICD를 발표하자마자 바로 적용하는 것은 아니고, 변화되는 분류 기준을 의학계가 실제로 반영할 수 있도록 준비하는 시간을 갖습니다. 초안을 발표한 후에도 2022년으로 예정된 실제 적용 시점까지 수시로 업데이트를 하고요.

ICD-11의 특징은 건강을 위협하는 인자들을 대거 규정했다는 것입니다. 질병은 아니지만 건강에 영향을 주는 요소들이 있다고 의학적으로 인정한 것이죠. ICD-10에 '활력 소진 상태'로 간단히 수록되었던 번아웃이 2019년 5월 ICD-11에는 직무와 관련된 문제로 분류되며 훨씬 자세한 설명이 추가되어 수록되었습니다. 세계보건기구는 번아웃을 "성공적으로 관리되지 않은 만성적 직장 스트레스로 인한 증후군"으로 정의했어요. 번아웃이 '건강 상태에 영향을 미칠 수 있는 주요한 유해 인자'라고 판단한 것이죠. 말하자면 전세계적으로 직장 스트레스가 질병에 영향을 미친다고 명시한, 의미 있는 진전입니다. 과도한 업무로 심리적으로 소진되는 것이 건강에 큰 영향을 주고 있다는 뜻이고, 이런 증상을 호소하는 사람이 많다는 뜻이고, 일하면서 사는 게 더 척박해졌다는 뜻이기도 합니다.

> 제가 뭘 했다고 번아웃일까요

저는 진료실을 찾는 환자들과 번아웃에 대해 자주 이야기를 나누고, 팟캐스트에 나가 관련된 내용을 상담하기도 했습니다. 그런데 제가 이렇게 번아웃을 주제로 말할 때 자주 듣는 질문이 '제가 뭘 했다고 번아웃일까요?'입니다. 꼭 번아웃이 아니더라도 여러분 역시 이런 생각을 해본 적이 있을지 궁금해요(자매품으로 '제가 뭘 했다고 우울증일까요?'가 있습니다).

여러분은 이렇게 느낀 적 없나요? 실제로 무척 힘들긴 하지만, 내가 뭐 그렇게 대단한 일을 한다고, 고작 이런 일로 힘들어하면 안 될 것 같다고요. 어리광을 부리는 것 같고, 스스로가 너무 나약한 것 같고, 별거 아닌 일에 징징대는 것 같다고 느낄 때 말이에요.

　한국 사회는 피로하다고 말하는 데에도 자격을 요구합니다. 지쳤다고 말하려면 그만큼 대단한 무언가를 해야만 하죠. 예를 들어 수년간 고시 공부를 열심히 했다든지, 주말에도 쉬지 않고 일하고 야근까지 무리하게 했다든지 말이에요. 그러고 나서야 힘들다고 말할 수 있다고 생각하게끔 만드는 분위기인 거죠. 어떻게 보면 이런 식으로 피로의 자격을 따져온 사람들이 다른 이들을 같은 방식으로 평가하기 때문이기도 합니다. 개인이 휴식이나 이해를 요구하는 것을 사치스럽고 주제넘는다고 여기는 분위기가 팽배하죠.

　피로의 기준이나 자격이라는 게 실제로 있을까요? 저는 없다고 생각해요. 특히 지금의 사회는 무조건 열심히 한다고 분명한 성과나 성취가 보장되지 않거든요. 우리는 어릴 때부터 최선을 다하면 반드시 보답이 있고 결과가 보장된다고 배웁니다. 그런데 여기서 두가지 의문이 듭니다. 첫째, 정말 그런가요? 현실은 그렇지 않습니다. 최선을 다하더라도 자신의 재능, 주변의 도움, 상황과 주변 환경 등이 잘 맞지 않으면 결과가 좋지 않을 수도 있습니다. 더구나 지금은 저성장 사회이기 때문에 성장할 수 있는 기회가 적습니다.

둘째, 최선을 다해서 원하는 성과를 내는 것만이 바람직한 삶의 길일까요? 우리 삶에는 우연이나 환경 등 수많은 변수가 개입합니다. 어떤 일을 시도하고 노력했지만 설사 원하는 성과를 내지 못하더라도 그 과정에서 다른 노하우를 익히거나, 새로운 방향을 찾거나, 깨달음 또는 통찰을 얻을 수도 있습니다. 실패하면서 자신에 대해 알게 되거나 내면이 더 단단해지기도 합니다. 일이 안 풀릴 때 오히려 주변 사람과의 관계를 확인하게 되기도 하고요. 즉 우리 삶에는 계획한 대로 일을 하는 것 외의 다양하고 소중한 가능성이 존재한다는 것입니다. 그리고 이것이 현실입니다. 그러나 경쟁적이고 성과 중심적인 사회는 실패해도 굴하지 말고 처음에 목표한 결과가 나올 때까지 꾸준히 노력하라고 등을 떠밉니다. 그리고 급기야 '마땅한 결과가 나오지 않았다면 열심히 한 것이 아니다'라는 말도 안 되는 논리를 들이댑니다.

특히 지금의 20대, 30대가 이런 생각을 많이 합니다. 그 윗세대, 부모나 상사가 속한 베이비붐 세대는 사실 고성장 시기를 보냈던 사람들이에요. 경제는 계속 성장하고, 은행의 이자율은 높고, 일자리도 넘쳐났었죠. 그런 사람들이 지금 우리 부모나 직장 상사가 되었는데, 과거의 타성에 젖어 '네가 뭘 했다고 힘드냐'라는 말을 하게 되는 거죠. 경제성장률이 무척 높던 시기를 보낸 부모나 상사들은 자식이나 후배들이 힘들어하는 걸 납득하기 어려워합니다. 뉴스를 보면 구직난이 얼마나 심각하고 비정규직 문제가 얼마나 만연한지 머리로는 알 수 있지만, 그런 문제를 당장 주변 사람들에게 적용해 이해하는 것은 또다른 문제이죠. "열심히 하면 다 되는데, 네가 열심히 안 했기 때문에 결과가 안 좋은 거 아니야?" 하는 질책을 하는 사람들은 결과를 보고 노력을 판단하는 오류를 범하는 셈입니다. 그런데 여기다 대고 "저 번아웃이에요" "저 소진되었어요" "저 과로하고 있어요"라고 말하기가 어렵습니다. 내 노력을 인정받기 어려울뿐더러 다른 사람들이 나보다 더 무리하고 있다고 생각하기 때문이죠. 지금 내가 힘들어하는 정도로는 어디서 명함 내밀기도 어렵다고 여기는 거예요.

앞서 소개한 번아웃 진단 척도 MBI-GS의 최고 점수가 90점인데, 2015년 우리나라 직장인을 대상으로 실시한 조사에 따르면 평균이 40점대라고 합니다. 40점이면 이미 번아웃 위험군인데, 이 수치가 평균이라는 거예요. 이런 분위기에서는 조금만 힘들다고 말해도 '네가 한 게 뭐가 있다고'라는 식의 반응이 돌아오기 마련입니다. 이런 반응은 다시 개인을 번아웃으로 몰아가는 악순환을 일으키고요.

우리는 워커홀릭 사회에 살고 있습니다. 몇년 전까지만 해도

'일 중독자' 혹은 '워커홀릭'을 긍정적으로 바라보는 시선이 꽤 있었습니다. 열정적으로 회의하고 야근하는 모습을 이상적으로 그리는 광고도 많았고요. 이런 모습이 마치 현대적이면서 자기 삶을 주도하는 것처럼 느껴졌습니다. 물론 열정적으로 일하는 건 멋지고 의미 있는 일이기도 한데요. 사회적 압력에 따라 반드시 그래야 한다는 분위기가 조성된다면 바람직하다고 말하기는 어렵습니다.

2013년 『매경 이코노미』가 직장인을 대상으로 실시한 설문조사가 있습니다. 조사 대상 1,000명 중 862명이 번아웃을 느낀다고 응답했는데, 이 말은 직장인 대부분이 번아웃을 느낀다는 뜻이죠. 어마어마한 수치입니다. '역시 한국 사람들은 다들 너무 열심히 일하는구나'라는 생각도 들고요.

이런 상황에서 사회적 압력이 더해집니다. 우리나라는 세계에서 일을 제일 오래 하는 나라로 꼽히잖아요? 노동의 절대시간은 번아웃을 논할 때 무시할 수 없는 요소입니다. 그런데 사회가 전반적으로 일을 많이 하고 있으면 나만 덜 하기가 어렵습니다. 일이라는 건 서로 연관되어 있어서 혼자 일을 그만두거나 쉬려고 해도 쉽지 않죠. 노동시간이 길어지면 일단 물리적으로 번아웃이 될 수밖에 없습니다.

지금 우리 사회를 가장 잘 표현하는 한 단어를 꼽자면 저는 '과로사회'인 것 같아요. 안타까운 일이지만 실제로 과로사가 흔한 나라이기도 하고요. 무한 경쟁을 하는 과로사회에서는 실상 대부분의 사람들이 무리해서 일하기 때문에, 우리는 그 높은 기준에 맞추어 살아갈 수밖에 없습니다. 과로는 일찍부터 시작되어 아주 오래 지속됩니다. 학생들은 입시를 준비하며 완벽한 생활기록부를 만들어야 하고, 대학생들과 취준생들은 '예비 직장인'으로 또다시 무한 경쟁을 해야 하죠. 직장에 들어가면 이런 상황이 어디 나아지나요? 고용주들이 직원들에게 '워커홀릭'이 되기를 권하고 있죠. "하면 된다" "쓰러질 때까지 해라" "열정을 갈아넣어라" 하는 식의 압박도 여전히 있습니다. 수직적이고 서열적인 직장 구조에서 이런 압력을 거부하기도 어렵죠. 그러다보니 피로하고 지치는 데에도 자격이 필요하다고 느끼게 된 겁니다.

　퇴근 후에도 편안하게 쉬지 못하고 계속 무언가 해야 한다는 강박을 느끼는 사람들이 많습니다. 그날 하루 해야 할 일을 다 했는데도 관성적으로 퇴근 후 또 무언가를 해야 할 것처럼 느끼는 거예요. 운동을 한다든지, 영어를 공부한다든지, 하다못해 방 정리나 옷 정리라도 해야 마음이 편하다고 착각합니다. 그러지 않으면 스스로가 비생산적이고 나태한 사람처럼 느껴지는 거예요.

이미 직장에서 쉬지 않고 일하며 소진되었는데, 그러고 나서도 쉬면 안 된다는 마음이 듭니다. 그런데 이미 온 힘을 쏟고 온 터라 도통 기운이 나지 않습니다. 그러면 침대에 누워 스마트폰을 보면서 서너시간 정도를 보내는 거예요. 이러지도 저러지도 못하는 사이, 고민이 많은데 기운은 없어서요. 그러고 나니 이제 씻고 자야 할 시간이 됩니다. 자연스레 자책하게 되죠. '이렇게 하루하루 허송세월하면 안 되는데. 내일은 더 부지런하고 보람차게 살아야지.' 말만 들어도 가슴이 답답해지지 않나요? 우리는 얼마나 열심히 살아야 합니까? 여기서 뭘 더 해야 하나요?

휴대폰은 배터리가 20퍼센트 아래로 떨어지면 빨간불이 들어옵니다. 여기서 충전하지 않으면 금방 꺼지게 되죠. 우리 몸도 마찬가지입니다. 연료가 떨어져 경고등이 들어오면 충분한 휴식을 통해 재충전해야 합니다. 자신의 일을 사랑하며 즐기고 있다면, 그건 분명 많은 이들이 부러워할 만한 삶인 동시에 축하할 일입니다. 그러나 그 일이 일과가 끝난 후에도 제대로 쉴 수 없을 정도로 일상에 과도하게 침투하고 있다면 그냥 내버려두어선 안 됩니다.

번아웃을 크게 나누면 지적인 활동을 너무 많이 해서 지치는 '두뇌 번아웃'과 지나친 감정노동으로 소진되는 '감정 번아웃' 두 가지로 생각해볼 수 있습니다. 우선 두뇌 번아웃은 지적인 일에 소진감을 느끼는 상태입니다. 서울대 물리학과 김대식 교수님이 『공부 논쟁』(김두식·김대식 지음, 창비 2014)에서 영재교육과 번아웃에 대해 이런 이야기를 한 적이 있어요.

미국에서 영재교육을 받은 애들 대부분 실패합니다. 30대가 되면 다들 무대에서 사라져요. 두뇌를 너무 일찍 태워먹은 거예요. 그게 바로 번아웃입니다.

20대에 공부를 열심히 해서 30대에 본격적으로 연구를 시작한 사람들은 그렇게 번아웃되는 경우가 없어요. (…) 10대 청소년들을 쥐어짜는 게 아니라 30대 학자들을 쥐어짜야 과학이 발전합니다.

우리나라의 교육제도는 두뇌 번아웃에 아주 취약합니다. 어릴 때부터 공부를 너무 열심히 해서 두뇌를 다 써버리는 경우가 많죠. 특히 조기교육이니 영재교육이니 하면서 10대부터 머리를 쥐어짜며 혹사시키니까 30대까지 공부하는 사람이 없다는 게 김대식 교수님의 주장이에요. 청소년들은 기초교육만 제대로 받는다면 그외 시간에는 충분히 놀고 휴식해야 하는데 다들 책상 앞에 앉아 있기 바쁘죠. 20대에 전공을 정하고 본격적으로 공부를 시작해서 30대가 되면 논문도 쓰고 성과를 내야 하는데, 우리 학생들은 10대 시절부터 입시에 시달립니다. 그러니까 30대쯤 되면 두뇌를 다 써버리고 "이제 더는 못하겠다"라고 하며 나가떨어지는 거죠. 학계에서 공부를 계속하던 사람들이 학자의 길을 포기하고 다른 일을 찾는 경우가 많다는 이야기입니다.

감정노동자들은 감정 번아웃을 경험합니다. 매슬랙 교수는 번아웃을 "사람에 관련된 업무를 하는 사람들, 즉 친밀한 접촉에

상당한 시간을 보내는 사람들 사이에서 자주 일어나는 정서적 고갈 상태와 냉소주의의 증후"라고 정의했어요. 번아웃이라는 개념이 처음 등장했을 때는 사람들을 상대하는 업무를 하는 이들에게 나타나는 증상을 관찰했다고 했죠? 이런 양상의 번아웃이 바로 감정 번아웃입니다.

감정노동은 미국의 사회학자 앨리 러셀 혹실드가 『감정노동』[*] 이라는 책에서 처음 언급한 개념으로, 직업상 자신의 감정을 억누르고 정해진 감정을 표현하는 것을 의미합니다. 우리나라 고용노동부는 감정을 관리해야 하는 활동이 직무의 50퍼센트를 넘는 경우를 감정노동에 해당한다고 보는데, 전체 임금 노동자의 약 31~41퍼센트에 해당하는 560만~740만명 정도가 감정노동자로 추산되고 있습니다. 어떤 상황에서도 친절한 태도로 밝은 미소를 지어야 하는 '긍정적 감정노동(서비스 판매직 등)'뿐만 아니라 표현과 태도의 감정적인 면을 억제한 상태로 응대해야 하는 '중립적 감정노동(카지노 딜러, 장의사 등)', 단호한 목소리와 태도로 일관해야 하는 '부정적 감정노동(조사관, 보안경비 등)'도 모두 해당됩니다.

---

[*] Arlie Russell Hochschild, *The Managed Heart: Commercialization of Human Feeling*, Berkeley: University of California Press 1983.

일반적인 감정노동은 물건을 판매하거나 서비스를 제공하는 고객과의 상호작용에서 발생합니다. 전화 상담사, 항공기 승무원, 호텔 종사자, 백화점 판매자 등 서비스직 종사자를 예로 들 수 있고, 요양 보호사나 보육교사, 민원업무 담당자도 포함됩니다. 그런데 우리나라에서는 업무 위주로 돌아가야 할 직장 내 대인관계에서도 과도한 감정노동이 요구됩니다. 서비스직에서 벌어지는 악성 민원이나 진상 고객 문제의 경우 관련 논의도 많고 공론화가 되며 상황이 점차 나아지고 있는데, 직장 내 대인관계에서 감정노동을 요구하는 경우는 잘 드러나지 않아 오히려 해결이 어려울 때가 많습니다.

　한국의 직장문화는 유교적인 서열주의와 군대식 상명하복 분위기가 뒤섞인 남성적이고 경직된 문화가 주를 이룬다고 봅니다. 최근 들어 상당히 민주화되고 합리적으로 바뀌었다지만, 여전히 최고 결정권자의 한마디나 상사의 기분, 회사 내 인맥 구조가 업무적 의사결정 및 조직 운영, 인사에 큰 영향을 미칩니다. 또 업무 매뉴얼이나 책임 소재가 명확하지 않은 경우도 많고, 직속 상사가 후배들에게 큰 영향력을 행사하기도 합니다. 이런 경우 직위가 낮거나 사내에서 영향력이 작은 직원들은 상급자의 눈치를 보고 비위를 맞출 수밖에 없는 처지에 놓입니다. 그러지 않으면 업무상 꼭 필요한 교육이나 공지를 제대로 받지 못하거나 중요한 업무에서 배제되는 일이 생기기 때문입니다. 상사의 심기를 미리 파악해 맞추어주고 의전을 잘하는 사람을 '눈치가 빠르다' '사회생활을 잘한다'라고 추켜올리는 분위기도 여전히 존재합니다. 좀 더 확대하면, 이러한 서열 및 의전 문화가 고객사, 또는 하청을 주는 업체 담당자에 대한 감정노동을 부채질하기도 합니다.

고객 응대가 주요 업무가 아닌 직장인들도 여러모로 직장동료나 상사에 대한 감정노동에 지치게 되는 것입니다. 어느 취업 포털사이트에서는 2016년 12월 직장인 1,300여명을 대상으로 설문조사를 실시했는데, 전체 응답자의 66퍼센트가 '나는 감정노동자라고 생각한다'고 답했다고 합니다. 영업이나 상담 직무에 종사하는 경우 80퍼센트 이상이, 서비스 직종 종사자인 경우 68퍼센트가 '그렇다'고 답했고, 경영이나 사무, 마케팅 직무에서도 '그렇다'는 응답이 66퍼센트로 상대적으로 높은 비중을 차지했습니다. 경영이나 사무직 등은 사실 고객 응대를 주요 업무로 하는 직군이 아닌데, 이런 경우의 감정노동은 회사 내 대인관계와 관련되어 있을 가능성이 높죠.

감정노동이 과도하게 지속되면 감정 번아웃이 나타날 수 있으므로, 감정노동에 의한 스트레스를 그때그때 적절한 방법으로 풀어주는 것이 중요합니다. 그런데 이런 스트레스가 실제로는 어떻게 해결되고 있을까요? 같은 설문조사 중 '근무 중 느낀 자신의 감정을 허심탄회하게 드러내고 위로와 격려를 받을 수 있는 대상이 있는가'라는 질문에 응답자 48퍼센트가 '가족, 연인 등 회사 밖에서 감정을 드러낸다'고 답했습니다. '회사 내 상사, 동료 등에게 감정을 드러내고 위로를 받는다'는 응답자는 22퍼센트였으며, 11퍼센트는 '어디에도 위로받을 사람이 없다'고 답했어요. 이처럼 해결되지 않은 감정과 스트레스는 번아웃, 나아가 우울증이나 공황장애, 다양한 스트레스 관련 신체 질환으로 이어질 수 있습니다.

번아웃에 취약하다고 예를 드는 직업군으로 돌봄노동, 사회활동가, 의료직 종사자가 있고 특히 사회복지사도 대표적인 번아웃 위험군으로 꼽힙니다. 사회복지사는 민원인이나 복지서비스 대상자 등을 상대하며 감정노동을 해야 하고, 복지와 도움이 필요한 사람, 사회적 약자를 자주 만나다보니 윤리적 책무까지 더해져 어깨가 무겁습니다. 어렵고 힘들거나 슬프고 안타까운 사정을 지속적으로 접하다보면 제아무리 그게 직업이어도 감정적으로 지치고 속상할 수 있습니다. 또 복지서비스 대상자들의 어려움과 고통에 대한 완화책 혹은 해결책을 마련해야 하는데, 이 또한 예산이 부족하거나 시스템을 바꾸기 어렵다는 한계 등 현실적인 장벽에 부딪혀 쉽지 않죠. 이럴 때 사회복지사들은 '내가 노력해도 내 권한으로는 이들을 도울 길이 없구나' '사회는 왜 이렇게 부당하게 돌아갈까?' 하는 좌절감과 공분을 내적으로 처리해야 합니다. 이런 복합적인 이유로 사회복지사의 번아웃이 심각한 상황입니다.

실제로 2013년 11월, 사회복지 공무원의 잇따른 자살을 계기로 국가인권위원회가 국내 사회복지사의 실태조사에 나서기도 했습니다. 국내 사회복지사 2,605명을 대상으로 진행한 조사에서 이들의 인권 보장 수준은 10점 만점에 평균 5.6점으로 매우 낮은 것으로 나타났습니다. 자신의 건강을 지킬 건강권, 폭력에 맞서거나 회피할 방어권 등이 특히 취약하다고 합니다.

사회적으로 이러한 돌봄노동자들의 번아웃을 인식하고, 서비스 이용자들이 공공서비스에 종사하는 사람들을 단순히 서비스 제공자가 아닌 인권을 가진 한 인간으로 대하는 것은 무척 중요한 일입니다. 그런데 이 서비스 이용자들이 이미 심한 번아웃으로 인해 정서적으로 피로하고 냉소적이며, 예민과 짜증이 늘어 합리적 대화와 타협이 어려운 상태라면 과연 그들만을 탓할 수 있을까요? 감정노동자들의 어려움과 보호를 논할 때 사회 전반의 번아웃, 그리고 강자가 약자에게 요구하는 감정노동에 대한 논의도 필요한 이유입니다. 우리는 서비스 이용자인 동시에 제공자일 수도 있고, 때에 따라 강자가 되기도 약자가 되기도 합니다. 우리 모두는 복잡하고 긴밀하게 연결되어 있으니까요.

"저는 인정욕구가 되게 강한 사람이고, 그건 제 성향이라고 생각했습니다. 그런데 인정욕구가 너무 강하다보니 조금만 인정받지 못해도 쉽게 우울해지고, 감정 기복도 심해집니다. 그냥 제 성향일 수도 있지만, 어쩌면 이런 것도 번아웃일까요?"

우리가 직무 스트레스에 취약해지고 번아웃 증상을 경험하게 되는 중요한 원인은 불안과 강박입니다. 기질적으로 불안과 강박이 높은 사람이 있고, 이런 감정을 조성하는 사회 분위기가 원인이 될 수도 있죠.

불안과 강박을 좀더 구체적으로 살펴볼까요? 우선 예기불안이라는 게 있습니다. 예측하고 기대해서 불안해지는 것을 말하는데요. 예를 들어 내일 중요한 시험이나 발표가 있으면, 그걸 미리 생각하면서 벌써부터 가슴이 두근거리는 거죠. 시험이나 발표 당일에도 분명 불안을 느낄 텐데, 미리 예측하고 걱정하며 불안을 두세배로 느끼는 셈입니다.

걱정스러운 상황을 미리 상상해보는 시뮬레이션simulation은 불안을 낮추는 좋은 방법이지만, 지나치게 과도하고 반복적인 시뮬레이션은 피로를 유발합니다. 특히 일어나지 않을 일까지 세세하게 상상하는 것이 문제가 됩니다. 내일 중요한 발표가 있다고 생각해봅시다. '내일 발표에서 누가 이상한 질문을 하면 어떡하지?' '혹시 말실수를 하면 어떡하지?' '단상에 오르면 오른손을 쓸까, 왼손을 쓸까?' 이렇게 발생할 확률이 적거나 중요하지 않은 일까지 걱정하다보면 에너지를 과도하게 소모하게 되고, 그러면 마음속으로 발표를 이미 몇번이나 한 것과 마찬가지인 상태가 됩니다. 이런 상상만으로 피곤해집니다. 진짜 발표는 아직 시작도 하지 않았는데 말이에요.

일을 지나치게 열심히 해서 온 정신이 거기에 사로잡혀 있을 때 혹은 시험을 앞두고 불안할 때, 여러분은 혹시 일하는 꿈, 상사에게 혼나는 꿈, 발표하는 꿈, 공부하는 꿈, 시험 보는 꿈을 꾸지 않나요? 맡은 일이 너무 부담스럽거나 과도하게 시뮬레이션을 하다보면 그렇게 마음속 불안이 무의식적으로 꿈에까지 나오게 됩니다. 이런 꿈을 꾸고 일어나면 무척 괴롭죠. 꿈에서 일을 다 처리했는데 아침에 일어나 처음부터 다시 해야 하니까요. 말 그대로 에너지를 두번 세번 소모하게 됩니다.

완벽한 일 처리를 추구하는 사람들도 불안에 시달립니다. 특히 주변의 애정이나 인정을 완벽과 결부하는 사고가 큰 스트레스가 되죠. 사람은 누구나 다른 사람들에게 둘러싸여 살아갑니다. 자연스럽게 사회적인 인정욕구와 애정욕구가 발달하죠. 인정욕구는 말 그대로 어떤 일을 해서 다른 사람들에게 인정받고자 하는 욕구를 뜻합니다. 무언가를 잘한다는 말뿐 아니라 "수고했다" "너는 책임을 다하는구나" "이 코스는 완수했다" 같은 인정이 모두 포함되죠. 애정욕구는 다른 사람들에게 사랑받고자 하는 마음으로, "너를 좋아해" 같은 말을 듣고 싶어하는 욕구예요.

문제는 이런 인정과 애정을 받기 위해서는 모든 것을 완벽하게 해내야 한다고 생각하고 집착할 때 생깁니다. 일의 결과를 여기에 결부하다보니 지나치게 집착하게 되죠. 사실 엄밀하게 말하면 맡은 일을 잘해내는 것은 인정욕구와만 관련이 있습니다. 일을 잘하면 상사가, 시험을 잘 보거나 자격증을 따면 주변 사람들이 인정해주잖아요? 그런데 많은 이들이 성장기에 '더 잘해야 더 예뻐해준다'라는, 일종의 '인센티브 사랑법'을 경험합니다. 학교 시험에서 50점을 받았을 때와 80점을 받았을 때, 100점을 받았을 때 부모의 반응이 달랐다는 걸 무의식적으로 기억하고 있는 겁니다. 그 반응에는 단순히 '수고했다' '잘했다'라는 인정만이 아니라 '100점 맞은 우리 ○○, 사랑한다'라는 애정표현도 포함된단 말이에요. 그래서 우리는 어떤 걸 잘 못하면, 스스로 만족을 못하고 사람들한테 인정받지 못하는 걸 넘어 사랑까지 잃는다는 생각을 하게 됩니다. 우리가 어떤 일을 잘하지 못하더라도 충분히 인정받고 사랑받을 수 있다는 사실을 자꾸 잊어버리는 거죠.

우리가 언제 다른 사람을 좋아하게 되고 관계가 친밀해지는지 생각해봅시다. 그 사람이 일을 잘하거나 대단한 능력이 있어서가 아니라, 그 사람과 내 성향이 맞기 때문에, 함께하는 시간이 보람차고 의미 있기 때문에, 말이 잘 통하기 때문에, 유머 코드가 비슷하기 때문에, 또는 같이 미워하는 사람이 있기 때문에 아닌가요? 여러분은 친구를 사귈 때 성적순으로 사귀나요? "1등, 너는 내 친구가 될 만하다"라고 이야기하나요? 아니잖아요. 그런데 어릴 때 이런 방식으로 교육받고 칭찬받다보니 무언가를 모범적으로, 사회에서 원하는 대로 하지 않으면 애정까지 다 빼앗길지 모른다는 불안이 드는 겁니다. '실패하면 친구들이 무시하겠지. 내 주변에 아무도 남지 않겠지' 하는 말도 안 되는 생각과 함께요. 그러나 여러분, 여러분은 무언가를 완벽하게 잘하지 않아도 충분히 가치 있고 사랑받는 사람이란 걸 기억했으면 좋겠어요.

흑백논리도 대표적인 강박입니다. 흑백논리는 특히 완벽주의와 연관되는데, 모든 일을 '모 아니면 도'라고 생각하는 경향입니다. 흑백논리에 빠진 사람은 일을 완벽하게 할 수 없을 것 같으면 아예 시작도 하지 말자고 생각하게 됩니다. 물론 모든 일을 잘하면 좋겠지만, 그렇게 되지 않는 게 현실이잖아요? 우리가 어떤 일에 완벽할 수 없다고 해서 처음부터 시작도 하지 않는 게 결코 더 낫다고 말할 수는 없습니다. 완벽하지 않아도 괜찮거든요. 어떤 일을 절반 정도 수행했으면 그만큼 결과가 쌓이고 경험이 됩니다. 문제는 우리 사회가 워낙 1등만 기억하다보니 모든 일을 완벽히 잘해야 한다는 마음들이 생기는 거죠.

사람들은 배제될지 모른다는 불안도 느낍니다. 이런 종류의 불안은 특히 성장기 학교에서 경험하는 왕따 문제와 관련된 경우가 많습니다. 요즘 학교에서는 친구와 다투거나 불화가 있어서가 아니라 '그냥' 돌아가면서 서로 왕따를 시키는 일도 많습니다. 이

유도 모른 채, 어쩌면 아무 이유 없이 따돌림당하는 학생들이 많죠. 집단이나 학교에서 이런 일이 흔하게 일어나다보니 공동체에서 배제당하는 일에 두려움을 갖게 됩니다.

이런 공포가 심각해지면, 내가 어떤 일을 능숙히 수행하거나 완벽히 완수하지 않으면 공동체 내에서 배제될 거라는 불안에 시달리게 됩니다. 한번 불안감을 느낀 사람들은 제아무리 상황이 부당하더라도 그에 맞서기가 쉽지 않습니다. 성적이 나쁘면, 일을 못하면 왕따를 당해도 되나요? 결코 그렇지 않죠. 하지만 어떤 사람들은 너무 쉽게 그런 논리에 빠져든다는 겁니다. 학교나 회사에서 사람들이 나만 빼놓고 이야기하는 것 같다는 상상까지 하게 되고, 무의식적으로 그런 느낌이 들면 불안을 극복하기 위해 공부나 업무에 과도하게 몰두하게 됩니다.

사람들은 타고난 성격이나 기질에 따라 조금씩 다른 강박을 느끼기도 합니다. 예컨대 한국의 모토는 '신속·정확'이라고들 하잖아요. 그런데 기질적으로 느리거나 신중한 사람들이 있습니다. 그건 그 사람의 개성인데, 신속하고 정확해야 하는 사회에서 살다보니 그 기질은 흠이 됩니다. "너는 느리지만 꼼꼼하게 하는구나" 같은 욕인지 칭찬인지 모를 이야기를 듣게 되는데(자매품으로 "너는 예쁘지는 않지만 귀엽구나"가 있습니다), 그러면 '나는 느린 대신 철저히 해야 해'라는 생각이 들게 마련입니다. 일종의 자기보호일 수도 있지만, 이것이 심해지면 늘 정확해져야 한다는 강박이 듭니다. 안 그래도 느린 편인데 정확해져야 한다고까지 생각하니 어떤 때는 일을 마치지 못할 수 있고, 초초해지거나 일을 시작하는 것 자체가 싫어질 수 있습니다.

우리는 언제 몸과 마음이 모두 소진되었다고 느낄까요? 여러분은 언제 완전히 지쳤다고 느끼나요? 일이 너무 많을 때, 과도한 업무에 지치다 못해 회복할 힘도 없다고 느낄 때 번아웃이라고 생각하나요? 일반적으로 번아웃은 과도한 업무 때문에 발생한다고 여기지만, 꼭 업무 그 자체 때문이 아닐 수도 있습니다.

우선 높은 직무 요구를 받는 것이 번아웃의 가장 큰 원인입니다. 직장에서 커다란 압박을 느낄 때를 대표적인 예로 들 수 있습니다. 특히 이른바 'A급' 인재, 즉 일을 잘하는 사람이 번아웃에 빠지는 경우가 더 많습니다. 상사는 일을 잘하고 태도가 좋은 직원에게 업무를 우선적으로 주고, 우수 직원은 또 이를 마다하지 않고 받아들이다보니 해도 해도 일이 줄지 않는 거죠. 그러다보니 몸도 마음도 힘들어지고, 퇴근 후에는 가족이나 친구, 연인 등 가까운 사람들에게 신경 쓰지 못하게 됩니다. 이런 식이라면 결국 체력적·정신적 한계에 부딪혀 나동그라지기 쉽습니다.

일이 많은 것도 문제지만 그보다는 업무의 책임을 어디까지 지느냐가 더 중요합니다. 내가 어떤 일을 맡아야 하고, 어디서부터 어디까지 책임지는지 알아야 하는데, 이것이 모호한 경우가 많습니다. 아예 업무의 범위를 알려주지 않는 곳도 있고요. 해야 할 일은 지나치게 많은데 책임이 명확하지 않으면 무척 괴로워지겠죠.

장악하기 어려울 만큼 과도하게 넓은 작업 범위에 연관되어 있는 것도 번아웃을 유발합니다. 특히 인턴이나 신입 사원이 자주 부딪치는 문제인데, 회사는 새로운 직원이 들어오면 빠르게 모든 일을 파악하고 장악하기를 기대하지만 실상 그러기는 무척 어렵습니다. 이들은 하라는 대로 정신없이 일을 하며 하루 종일 바쁘게 보내는데, 정작 본인이 뭘 했는지 모르는 겁니다. 힘들고 피곤할지라도 성취감이 있다면 견딜 수 있겠지만, 공장의 부품이나 자원처럼 여기저기 불려다니며 이 일 저 일에 투입되다보면 일을 장악하지 못하고 스트레스만 받게 되죠. 한 개인이 통합할 수 있는 역량이나 업무를 수행할 수 있는 범위를 고려하지 않은 채 일을 배분하거나 그때그때 상황에 따라서 다른 업무를 지시하기 때문에 이런 일이 발생합니다.

상사의 지나친 통제도 문제입니다. 상사가 모든 일을 하나하나 간섭하면 직원의 자율성뿐 아니라 무언가를 실패하면서 배울 수 있는 성장 가능성까지 빼앗게 됩니다. 물론 중요한 일은 상사와 동료들이 함께 확인해야 합니다. 하지만 혼자 충분히 해낼 수 있는 일인데도 일일이 상사의 확인과 간섭을 받는다면 그 사람은 시행착오를 거치기 어렵겠죠. 지나친 통제는 개인의 자율성을 해치고, 자연스레 '상사가 나를 못 믿나' 하는 생각을 하게 만들어 자존감까지 잃게 됩니다.

의사결정권이 없다는 사실에도 피로감을 느낄 수 있습니다. 내가 맡은 직무에 한해 독립적으로 해결할 수 있는 권한이 있다면 그에 대한 책임을 지는 동시에 성과를 인정받고 그에 따른 보상도 누릴 수 있습니다. 그러면 일에 보람을 느낄 수 있죠. 아무리 힘들고 피로해도 만족할 만한 성과를 내거나, 실패하더라도 자신의 일을 재량껏 운영할 수 있을 때는 거기에서 교훈을 얻을 수도 있고요.

산업심리학 쪽에서는 일에서 효능을 느끼고 성장할 수 있는 느낌을 '번영감'이라고 이야기하는데, 번영감이 있다면 심리적 소진을 일부 상쇄할 수 있습니다. 그런데 한국의 직장은 이런 번영감을 느끼기 어려운 구조예요. 상사가 시키는 일이라면 내 의견과 상관없이 해야 하고, 일이 잘되면 그 공은 상사가 가져가는 경우도 많습니다. 일하는 사람들이 보람을 얻거나 소진을 줄일 계기를 찾지 못하고 부속품으로 취급된다는 느낌을 받게 됩니다. 그러면 '내가 이렇게까지 힘들게 일할 필요가 있나?' 하는 회의를 느낍니다. 이렇게 통제력이나 결정권이 제한된 상황에서는 주변 사람들과 마찰이 생기거나 내적인 갈등이 일어나기 쉽고, 이런 상황 자체가 번아웃의 원인이 되기도 합니다.

직무 스트레스의 또다른 환경적 요인으로는 무엇이 있을까요? 업무에 대한 충분한 보상이 이루어지지 않는 것도 문제입니다. 업무가 많아 일주일 내내 하루 12시간씩 일을 했는데 야근 수당이 제대로 나오지 않을 때, 성심성의껏 고객을 응대했는데 수고했다는 인사치레도 없을 때, 똑같은 직무에 비슷한 일을 하는 동료보다 내 월급이 비상식적으로 적은 경우를 상상해볼까요? 이처럼 적절한 보상이 이루어지지 않을 때 번아웃이 오기 쉽습니다.

일을 추진할 때 같은 팀에서나 회사 전체와 생각이 다를 수도 있죠. 상사의 눈치를 보고 원하지 않는 일을 해야 하기도 하고요.

이렇게 회사나 상사와 자신의 가치관이 대립할 때도 큰 스트레스를 받습니다. 이와 비슷하게 팀에 불화가 있다든지, 업무나 역할 분담이 불공정하다든지, 내가 일하고 싶은 방향이나 발전하고 싶은 바람과 업무 내용이 충돌한다든지, 주변 동료들의 지지가 부족한 것도 모두 유해한 스트레스 반응을 유발하고 번아웃의 원인이 됩니다.

이와 반대되는 개념으로 '직무 관여'라는 용어가 있습니다. 직무에서 소외되지 않고 관여할 여지가 있을 때 쓰이는 말이죠. 업무의 자율성이 보장된다든지, 개인이 의견을 낼 수 있다든지, 동료들의 지지가 있어서 서로 대화를 나누거나 감정적으로 지원해 줄 수 있다든지 말이에요. 이럴 땐 반대의 효과를 내서 번아웃을 예방하거나 번아웃 증상을 완화할 수 있습니다.

몸과 마음이 소진되면 우리는 방어적인 자세를 취하게 됩니다. 혹시 일을 하다가 나도 모르게 상대방에게 퉁명스럽게 대꾸한다든지 의도치 않게 기분 나쁜 말을 내뱉은 경험이 있나요? 옆에서 자꾸 쓸데없는 소리를 하는 박부장에게 영혼 없는 대답만 늘어놓고, 말도 안 되는 농담을 하는 김과장을 무시할 방법을 궁리하고 있진 않나요? 처음 일을 시작할 때 느꼈던 열정은 온데간데없이 사라지고, 일의 성패와 상관없이 책임을 최소화하는 방향을 찾게 되기도 하죠.

특히 감정적인 에너지가 부족할 때는 상대방을 사람이 아닌 대상으로 취급하게 됩니다. 너무 지친 나머지 누군가에게 인격적인 대우를 하지 못한 적이 있다면, 그건 여러분이 못되거나 이기적이어서가 아닙니다. 과도한 감정적 각성과 소진을 경험하다보니 자기도 모르게 감정을 거둔 것이고, 나 자신을 보호하기 위한 방법을 쓴 거죠. 정말 쓰러질 것 같다는 생각이 들 때는 '내 앞에 있는 건 사람이 아니야'라는 생각이라도 해야 겨우 버틸 수 있습니다.

때때로 무척 기계적으로 응대하는 상담원이나 직원들을 만날 때가 있습니다. 특히 서비스업 종사자들 중에서요. 어쩌면 그들도 번아웃 상태에 빠져 있을지 모릅니다. 이미 냉소적인 태도가 굳어져서 상대방을 그저 또 하나의 대상으로 보게 된 거죠. '여기서 감정적인 에너지를 더 쏟으면 완전히 쓰러질 것 같다'라는 생각이 들면, 더이상 친절한 응대는 불가능합니다. 애초부터 책임감이나 역량이 부족한 직원일 수도 있겠지만, 평소 그렇지 않았던 사람이 눈에 띄게 달라졌다면 그 사람이 소진되지는 않았나 살펴봐주세요.

인도의 철학자 지두 크리슈나무르티Jiddu Krishnamurti는 "병든 사회에 잘 적응하는 것이 건강의 척도는 아니다"라고 말했습니다. 번아웃은 개인의 취약함이 아닌 직무나 사회 환경의 문제입니다. 번아웃 위기에 처했을 때, 문제의 궁극적인 원인을 제거하기 위해서는 나 자신보다는 우리 부서, 우리 회사, 또는 우리 업계가 바뀌어야 합니다. 번아웃에 대해 알아갈수록 우리는 이런 고민에 부딪히게 됩니다. 환경을 바꾸기 위해 무슨 일을 할 수 있을까요? 몇 가지 시나리오를 생각해봤습니다.

첫째, 직장 상사나 업계 분위기가 나를 번아웃으로 몰고 갈 때, 상사에게 내가 번아웃 직전이니 업무 강도를 조절해달라고 말하고, 필요하면 병가를 쓰겠다고 한다(말도 안 돼. 말을 꺼낼 수야 있겠지만 과연 받아들여질지 모르겠고, 이번 일로 정말 크게 찍히겠지. 다른 동료들은 또 어떤 시선을 보낼까). 둘째, 부서 회의에서 지금 진행하는 프로젝트의 일정이 빡빡해서 부서원들 다수가 지쳐 있고, 이것은 장기적으로 회사에 손해일 테니 일정을 조정하자고 제안한다(이건 더더욱 말이 안 된다. 부서장이 뒷목을 잡고 쓰러지겠지? 게다가 클라이언트는 어떻게 설득할 수 있겠어). 셋째, 지금 속한 부서에서 번아웃이 심각하므로 회사 인사팀에 부서 이동을 요청한다(요청이 가능하다 해도 당장 이동할 가능성은 적다. 또 막상 이동한 부서도 만만치 않게 험한 분위기라면 그땐 어쩌지?). 넷째, 노조를 만들거나 노조에서 번아웃 방지를 위한 노사 규정이나 협의를 이끌어낸다(매우 바람직한 해결 방식인데, 지금 나는 지쳐서 이런 적극적인 활동을 하기 어렵다). 다섯째, 업계 사람들이 모여 있는 인터넷 사이트에 회사의 분위기나 현실을 비판하는 글을 올리며 변화를 촉구한다(이 또한 의미 있는 활동이지만, 그런 단호하고 강한 자기주장을 할 에너지가 없다. 게다가 내가 글을 썼다는 게 밝혀진다면? 생각하기도 싫다…).

아무리 다양한 상황을 상상해봐도 한국의 위계적이고 경직된 현실에서는 직장을 그만두거나 큰 갈등을 견뎌낼 각오가 필요한,

쉽지 않은 내용들뿐입니다. 그렇다면 우리는 알면서도 꼼짝없이 번아웃으로 밀려들어갈 수밖에 없는 걸까요? 직장을 유지하면서 번아웃에서도 살아남으려면 불합리한 환경에도 그저 체념하고 각자 알아서 애써야 하는 걸까요? 휴식, 상담, 취미 활동 같은 개인적인 차원의 해결책을 마련해 건강에 미치는 피해가 적도록 소극적으로 방어할 수밖에 없는 걸까요? 조금이라도 숨통을 틔우고, 일과 삶의 균형을 맞추어 살고 싶다는 바람이 너무 속 편하고 철이 없는 걸까요? 신자유주의, 세계화, 효율 극대화를 내세우며 비인간화되는 경쟁사회의 흐름 앞에, 건강하고 여유 있게 일하며 살아가고 싶은 한 노동자의 욕구는 무력하고 이상적인 바람으로 느껴질 수 있습니다.

그런데 우리는 이런 비슷한 감정을 더 일찍 겪어보지 않았나요? 학창 시절에 말입니다. 성적이 가장 중요하니 다른 욕구를 줄이고, 정신건강과 행복도 나중으로 미루라고 하죠. 죽지만 않을 정도로 끝까지 노력해서 합격해야 한다, 수상해야 한다, 취업해야 한다… 힘들고 우울하다고 아무리 항의해도 부모도 선생도 사회도 "어쩌겠니, 세상은 원래 그런 거란다"라고 하면서 우리 이야기를 들어주지 않았죠. 사회의 기준에 의문을 제기하지 말고, 팍팍한 기준에 맞추어 노력해야만 이 경쟁사회에서 살아남을 수 있다고 입을 막았잖아요. 그렇게 힘들게 졸업을 하고 취업을 했는데 이제는 직장이 문제입니다. 지치네요. 사회가 바뀔 수 있기는 한가요? 사회를 바꾸려는 생각 자체가 불온한 것일까요?

이렇게 지치고 냉소적으로 식은 마음 자체가 사회와 직장 환경에 대한 감정적 번아웃입니다. 그리고 이 번아웃의 역사는 학창 시절, 혹은 그 이전으로 거슬러 올라가죠. 한국의 공교육 체계는 안정적이고 훌륭하지만, 한편으로는 기성세대의 관념에 맞는 순응적 구성원이 되어 모두가 경쟁에 참여하고 최선을 다해 생산성을 높여야 한다고 압박합니다. 이런 교육을 받고 자라난 우리는 정말 쓰러지기 직전까지 자신을 몰아붙이며 일하게 되기 쉬워요. 그리고 이렇게 지친 상태에서는 전체 문화에 저항하거나 나만의 대안을 생각하는 일도 쉽지 않습니다.

구성원이 모여 시스템이 만들어지는데 시스템이 구성원의 욕구와 감정에 귀 기울이지 않으면 우리는 소진되고, 냉소적인 태도를 취하게 되고, 개인의 발언권이나 영향력의 효능감을 느끼기 어려워집니다. 비록 제한적이지만 분명한 효과가 있는 개인적 차원의 번아웃 대처법을 적용해볼 의욕이나 동기도 떨어집니다.

여러분이 직무 스트레스에 눌려 회복되기 어려울 정도로 지치지 않도록 스스로를 지켜보고 보살피되, 이 문제의 원인이 오로지 자신이 취약해서라고 생각하지 않았으면 좋겠습니다. 가능하다면 과로를 막기 위해 업무 시간이나 업무 환경을 조정해보고, 규정 변경을 건의해서 더 나은 환경에서 일할 수 있기를 바랍니다. 그리고 번아웃을 일으키는 주범인 '과로 권하는 사회'와 가시적인 효율만 강조하는 기업과 경영진에 대한 비판적인 시각과 문제의식도 계속 표현하면 좋겠습니다. 동료들과 함께 이야기도 나누고요. 한국의 직장문화에서 회사나 상사에게 바로 불만을 표현하거나 시정을 요구하는 일은 현실적으로 어려울 수도 있습니다. 그러나 '이것은 잘못되었다'라는 개개인의 문제의식이 모이면 직장 분위기가 바뀌고, 결국은 이것이 사회를 변화시킨다고 생각합니다.

회사나 사회의 비인간적인 요구에 대응하기 위해서는 일단 잘못된 명제에 억눌리지 말고 보란 듯이 스스로를 보살펴야 합니다. '당신들에게는 눈에 보이는 당장의 실적만 중요하구나. 구성원의 건강이나 마음은 신경 쓰지 않는구나. 그러나 나는 내 건강과 행복이 더욱 중요하다!'라는 마음으로 나 자신을 챙겨야 합니다.

동시에 사람이 회복력을 잃을 때까지 무리하게 일하도록 압박하는 사회는 잘못되었다는 비판, 지금처럼 무리하게 밀어붙이기만 한다면 지속 가능한 효율을 얻기 어려울 것이라는 메시지를 직장과 사회에 전달하면 좋겠습니다. 이런 움직임이 우리가 느끼는 깊은 냉소와 무력감에 대한 해독제가 될 수 있습니다. 어릴 때 배운 대로, 직장과 사회가 요구하는 대로 행동하는 것이 아니라, 나 자신이 느끼는 대로, 원하는 대로 말하고 행동하는 것이 번아웃에서 벗어나는 첫걸음이 됩니다.

최근 SNS에서 "멘탈도 스펙이야"라는 문구가 큼직하게 쓰인 대학생 대상의 명상 프로그램 홍보 포스터를 보고 큰 충격을 받았습니다. 대학생들은 이미 우리 사회가 요구하는 학점 4점대, 토익 900점대, 수많은 자격증이라는 높은 기준을 충족하느라 정신없이 바쁜 상태일 텐데 거기에 대고 '그것만으로 되겠니? 정신건강은 어떻게 할래? 이것도 챙겨야 경쟁에서 살아남지!'라고 위협하는 느낌이었거든요.

요즘 스타트업 구인광고는 '번아웃되지 않을 회복 탄력성이 있는 사람'을 인재상으로 제시한다는 말도 들었습니다. 위의 포스터를 봤을 때와 비슷한 기분이 들었어요. 청년들은 지독한 경쟁에서 요구되는 수많은 '스펙'을 갖추느라 일하기 전부터 이미 번아웃에 빠져 있는데, 그런 환경에 빠뜨린 기업과 사회가 이들에게 번아웃에 빠지지 않을 '멘탈'까지 챙겨오길 바라는 건 모순적이고 가혹한 처사 아닐까요.

물론 기업이나 관리자들의 입장이 전혀 이해가 가지 않는 것은 아닙니다. 매슬랙 교수에 따르면 번아웃은 직원 개인의 생산성에 영향을 끼칠 뿐 아니라 팀 성과와 업무 환경에도 영향을 주어 직장 전체의 분위기를 해친다고 합니다. 미국심리학회American Psychological Association의 조사에 따르면 직무 스트레스에 시달려 번아웃이 온 직원은 그렇지 않은 직원보다 일을 그만두고 다른 직업을 적극적으로 구할 가능성이 2.6배, 병가를 쓸 가능성이 63퍼센트, 응급실을 방문할 가능성이 23퍼센트 높다고 합니다. 이 와중에 세계적인 저성장 기조에서도 살아남아야 하니, 더욱 유능하고 건강한 인재가 필요하겠죠.

그런데 말입니다(잘 들어주세요). 아무리 멘탈이 튼튼한 인재를 선발한다 해도 번아웃을 근본적으로 막기는 힘듭니다. 번아웃을 예방하려면 근본 원인을 개선해야 하는 것이 당연한 일인데, 번아웃의 원인은 사람이 아니라 조직에 있기 때문이에요. 앞서 말씀드린 직무 스트레스의 다양한 원인을 살펴보면, 번아웃은 명확하게 회사와 조직의 문제에서 비롯된다는 사실을 알 수 있습니다. 저는 임상의사로서 개인이 이 번아웃의 시대에 어떻게 살아남아야 할지 이야기하고 있지만, 사실 번아웃을 예방하고 치료해야 할 주된 주체는 직장이고 조직입니다. 그래서 팀장급 리더나 CEO, 인사 담당자들이 한명이라도 더 이 주제를 심각하게 생각해주길 바랍니다.

매슬랙 교수는 지난 2019년 11월 한 인터뷰에서 탄광 속의 카나리아 이야기를 꺼냈습니다. 옛날 광부들은 탄광 깊이 들어갈 때 카나리아를 데리고 갔다고 해요. 카나리아는 산소에 민감하고 인간보다 약하기 때문에, 카나리아가 노래를 멈추거나 죽으면 그곳은 인간도 오래 머물 수 없는 곳이라는 위험 신호가 됩니다. 탄광에 들어가기 전까지만 해도 건강하던 카나리아가 숨이 막혀 더 이상 노래하지 못할 때, "카나리아는 왜 저렇게 허약할까?"라고 비난하는 사람이 있을까요? 아니요. 아무도 그러지 않을 거예요. 왜냐하면 대답은 분명하기 때문입니다. 문제는 카나리아가 아니라 탄광입니다.

우리는 잘못된 각도에서 문제를 공격하고 있습니다. 매슬랙 교수는 세계보건기구가 번아웃을 병을 일으키는 위험 인자로 분류한 것을 걱정합니다. "세계보건기구가 번아웃을 질병으로 분류한 것은 회사에 문제가 있는 것이 아니라 개개인이 잘못되었다는 정의를 제공하려는 시도였다"라고 설명합니다. 번아웃이 질병으로 분류되면 사람들은 병에 걸린 사람을 치료해야 한다고 여기고, 그 문제의 원인은 개인에게 있다고 생각하기 쉽습니다. 그 사람을 번아웃으로 몰아간 환경, 즉 고용주나 조직의 책임이 아니라 한 개인의 문제가 되고 말죠.

직원이 소진을 겪는 것을 단순히 개인의 책임으로 돌릴 것이 아니라 그 이유를 조직에 물어봐야 합니다. 리더로서 자신에게 질문을 던져보세요. 우리 직원이 건강하지 않은 이유는 무엇인가요? 왜 지금의 작업 환경에서 그들이 소진될까요? 매일 여기서 일하는 사람들을 어떻게 안전하게 보호할 수 있을까요?

구성원들이 일하는 환경과 조건을 살피고, 데이터를 꼼꼼히 검토해야 합니다. 그리고 무엇보다 구성원들에게 여러 질문을 던져보세요. 그들이 회사에서 어떤 일에 좌절감을 느끼고 어떤 경우에 동기부여가 되는지 질문하고 답을 파악하면 좋겠습니다. 업무 환경에 대한 리더와 상사의 정확한 인지, 그리고 개선 의지는 직원들의 스트레스를 줄일 수 있습니다.

회사 차원에서 개인의 회복 탄력성 강화를 위해 요가, 명상, 상담 등을 제공하고 지원하는 것은 물론 바람직한 일이지만, 번아웃의 근본 원인이 되는 부조리하고 통제되지 않는 업무 환경과 구조를 개선하는 것이 무엇보다 중요합니다. 직원들이 회사가 개선된다는 것을 느낄 수 있도록 해주세요.

번아웃 전문가 매슬랙 교수는 이렇게 강조합니다. "번아웃의 근본 원인은 개인이 아니라 조직에 있으며, 오직 CEO와 조직 관리자의 리더십을 통해서만 초기 단계부터 예방할 수 있다"라고 말입니다. 많은 사람들이 하루의 3분의 1 이상을 직장에서 보냅니다. 리더의 숙고와 소통이 여러분의 울타리 안에 있는 사람들의 삶을 훨씬 나아지게 할 수 있음을 기억하세요.

미국의 뉴스 웹사이트 버즈피드에 '밀레니얼 세대는 어떻게 번아웃 세대가 되었나'라는 제목의 기사가 올라왔습니다.[*] 2019년 1월에 게재된 글인데, 2019년이 '번아웃의 해'이다보니 이런 글도 나온 모양입니다. 기자는 밀레니얼 세대가 번아웃 세대가 된 이유로 다음과 같은 근거를 제시합니다.

밀레니얼 세대는 우선순위가 애매하거나 업무에 큰 도움이 되지 않는 일, 열정을 느끼지 않는 일은 상대적으로 더 하기 어려워합니다. 반대로 업무나 개인 활동에 도움이 되는 일, 좋아하는

[*] "How Millennials Became the Burnout Generation," *BuzzFeed News* 2019. 1. 5.

일에는 열정적으로 임하죠. 좋아하는 일만 하면 좋겠지만 해야 하는 일도 덩달아 늘어나면서 '할 일 목록'이 계속 늘어갑니다. 목록을 지워가기 위해 깨어 있는 모든 시간에 무언가를 해야 한다는 생각이 내면화됩니다.

밀레니얼 세대는 어렸을 때부터 베이비붐 세대의 철저한 관리 감독하에 자라나면서 최고의 노동자가 되도록 양육되었다는 게 기자의 주장이에요. 그러나 경쟁은 점점 치열해지고, 불안감은 덩달아 높아지게 되죠. 사회도 변했습니다. 1997년 한국의 IMF 경제 위기나 2007년 미국의 서브프라임 모기지 사태 이후 산업구조가 크게 바뀌었습니다. 일자리는 양극화되고, 비정규직은 늘어나고, 세대 간 그리고 계층 간 불평등도 심해졌고요. 경쟁은 치열해졌고 살아남기는 더욱 힘들어졌기 때문에 끊임없이 노력해야 한다는 생각이 드는 거예요. 시스템이 부조리하고 불평등하다는 건 알고 있지만, 시스템 자체를 무너뜨릴 수는 없으니까요.

슬픈 현상이 계속됩니다. 우리는 여가 활동(좋은 것)을 하면 불안해지고, 과로(나쁜 것)를 하면 필요한 에너지를 쏟고 있다는 만족감을 느낍니다. 친구나 애인을 만나 수다를 떨고 좋은 시간을 보내면 피로가 풀려 기분이 좋았나가도, 사람들과 헤어지고 집에 돌아오면 다시 우울해집니다. 노느라 시간을 낭비한 것 같고, 다른 필요한 일을 하지 못했다는 불안감이 엄습하는 거죠. 반대로 공부를 하거나 과로하면 힘이 들지만, 힘든 일을 하고 나면 오히려 기분이 좋고 무언가를 성취하고 있다는 생각이 듭니다. 이런 현상이 심각해지면 한시도 쉴 수 없게 됩니다. 쉬면서도 기분이 나쁘니까요. 이럴 경우 우리 몸의 스트레스 관리 시스템이나 감정 조절 시스템도 고장 나기 쉽습니다.

끊으려야 끊을 수 없는 SNS도 밀레니얼 세대의 발목을 잡는 큰 문제입니다. 온라인으로 다른 사람들과 연결되어 있다는 느낌을 누리는 일에는 좋은 점도 많지만 괴로운 점도 분명히 있죠. 가치 있는 삶을 살고 있다는 것을 열정적으로 보여주어야 하기 때문에 피곤하고, 다른 사람의 행복한 모습을 보는 일이 괴로울 때도 있고요. SNS 속 사람들은 다들 어쩜 그렇게 근사한 곳을 찾아다니고 맛있는 걸 많이 먹는지 몰라요. 나만 혼자 초라하게 집에 틀어박혀 있는 것 같잖아요.

SNS는 각자의 삶을 특이한 서사로 만들어냅니다. 내 이야기를 한다는 것에 좋은 점도 있지만 때로는 부담이 되기도 합니다. 노동자들이 스스로를 브랜드화하거나 시장에 등록하는 수단으로 SNS를 활용하면서 일과 완전히 분리되지 않는 경우도 있고요. 그러다보니 나 자신도 어떤 완결된 상품, 팔 가치가 있는 상품, 브랜

딩된 상품으로 만들어 보여주어야 할 것 같은 압박을 느끼게 됩니다. 거기에 다양한 어플리케이션에서 오는 알람이나 쉬지 않고 도착하는 이메일도 쉬는 시간을 방해합니다.

"몇 년 전, 프리랜서로 일을 하는데 도무지 멈추지 못하겠는 순간이 왔습니다. 한시도 쉬지 않고 몇 개월 내내 일만 했습니다. 평일을 다 할애하고, 토요일 일요일도 쪼개서 사용하고, 시간이 비면 아르바이트라도 해서 채웠어요. 저는 그게 제 시간을 효율적으로 쓰는 방법이라고 생각했거든요. 그랬더니 어느 순간 정말로 에너지가 '0'인 상태가 되더라고요. 방전이 되자 아무것도 못하겠어서 모든 걸 놔버렸습니다. 전부 다 타서 재가 된 느낌이었어요."

어떤 일을 효율적으로 처리하는 건 중요합니다. 가격 대비 성능을 따지고, 시간당 임금이 부당하게 책정되지 않았는지 잘 확인해야 하죠. 그런데 이런 수치나 데이터만을 지나치게 따지다보면 '효율성 제일주의'에 빠지기 쉽습니다. 어떤 목표를 이루는 일련의 과정 전체가 효율적이어야 한다고 생각하는 겁니다. 이런 생각을 가지고 있으면 무언가 시작하기가 참 어려워집니다. '지금부터 내가 하는 일에 한치의 오류도 없어야 한다' '절대 틀리지 말아야 한다' '나중에 후회할 일이 생기면 안 된다'라는 생각에 사로잡히다보면 차라리 일을 시작하지 않는 편이 낫다고까지 여기게 됩니다. 이런 생각 자체가 피로감을 유발합니다. 계산이나 생각이 많아져서 몸이나 감정에 영향을 주기도 하고요.

자신에게 지나치게 가혹해지지 마세요. 계속되는 관리와 지나치게 높은 기준으로 스스로를 혹사시키지 마세요. 우리 자아는 지금 여기에서 실제로 경험하는 경험자아experiencing ego와, 한발 떨어져 나를 관찰하는 관찰자아observing ego로 나누어 볼 수 있습니다. 예컨대 여러분의 경험자아가 지금 책을 읽거나 강연을 듣거나 일을 하고 있다면, 관찰자아는 그런 내 행동을 멀리서 지켜보고 있습니다. '내가 지금 잘하고 있나?' '얼굴에 뭐 안 묻었나?' '사람들이 나한테 집중하고 있나?' 이런 생각을 하며 스스로를 관찰하고 검열하죠.

누구에게나 자아 성찰은 필요합니다. 일정 시간이 흐른 후, 지난 하루가 어땠는지 되새겨보는 일은 여러모로 도움이 되죠. 다만 자아 성찰은 어떤 일이 끝나고 몰입에서 빠져나온 후 이루어져야 하는데, 그러지 못하고 스스로를 감시하는 CCTV가 되어 실시간 자기검열을 하면 문제가 됩니다. 이런 검열이 오래 지속되거나 과도해지면 시시각각 시험을 보고 있다고 느끼게 됩니다. 매일 나를 평가하는 심사위원이 있는데, 그 심사위원이 바로 나 자신인 거예요. 도저히 떼어버릴 수가 없죠.

관찰자아를 과도하게 사용하면 경험자아에 쓸 힘이 부족해집니다. 경험 자체에 집중하기 어려워지니 감정을 생생히 느끼지 못합니다. 무언가를 할 때마다 잘하고 있는지를 자꾸 생각하니까요. 마음에 드는 사람과 마주 앉아 있는 상황을 상상하면 이런 현상을 쉽게 이해할 수 있습니다. 상대방이랑 이야기를 나누고 있는데, 잘 보여야 한다는 생각 때문에 지금 무슨 대화를 하는 건지 잘 모르겠는 때가 있죠. '지금 내 표정이 어떻지?' '방금 대답을 잘했나?' '분위기가 이상하지 않나?' 이런 걸 계속 생각하다보니 대화가 즐거웠는지, 밥이 맛있었는지, 경험 자체가 어땠는지 기억하지 못합니다. 이처럼 관찰자아가 과도하면 우울해지기 쉽고,

나뿐만 아니라 타인에게도 민감하거나 가혹해집니다.

사람에게는 혼자 보내는 시간이 무척 중요합니다. 우리나라는 집단주의 문화가 지배적이다보니 개인 시간이 부족한 게 사실이에요. 문제는 혼자 시간을 보낼 때도 사회적인 압박을 받는다는 겁니다. 혼자 있으면서도 계속 자기를 검열하는 거예요.

매일, 매시간, 매순간 자신을 평가합니다. '나는 오늘 시간을 효율적으로 잘 썼나?' '아침에 제시간에 일어났나?' '도서관에 시간 맞추어서 잘 갔나?' '토익 문제집은 몇 페이지나 풀었지?' '운동도 했나?' '점심은 몇 칼로리나 먹었지?' '오후 스케줄은 잘 조정했나?' '밤에는 몇시에 잠자리에 들었지?' 이렇게 하루는 시험의 연속이고, 평가가 끝도 없이 계속됩니다. 매순간 자신에게 점수를 주고, 점수가 낮으면 우울해집니다. 나 자신의 쓸모를 의심하게 되고요. 내면에서 스스로에게 비난하고 욕을 퍼붓는 데 에너지를 씁니다.

이런 평가를 아예 하지 않을 수는 없지만, 어느정도 선을 정하는 게 중요합니다. 스트레스나 피로를 피하기 위해 아무 노력도 하지 않고, 아무 목표도 세우지 않고 살 수는 없죠. 중요한 건 모든 일에는 어느정도의 실패가 있음을, 우리는 그 실패를 안고 살아가야 함을 인정하는 겁니다.

공장에서도 제품을 만들 때 100개가 필요하면 105~110개를 만든다고 합니다. 불량품이 나올 수도 있고, 수량을 잘못 셀 수도 있으니까요. 목표치에서 5~10퍼센트 정도는 오류가 날 수 있음을 인정하는 거죠. 하물며 기계도 이러한데, 사람인 우리에게는 더더욱 그런 태도가 필요합니다. 일이 잘못될 수 있다는 걸, 내가 완벽하게 해내지 못할 수 있다는 걸 인정하고 넘어가는 겁니다. 넉넉한 기준선을 두고, 그 선을 적절히 지키는 정도로만 임하는 거예요. 기준선을 두고 시도해봤는데 실패했다면 내 기준이 지나치게 높지 않았나 점검해서 그 기준을 다시 조정하는 일도 필요하고요. 때로는 목표를 수정해야 하거나 목표 기간을 늘려야 할 때도 있습니다. 무엇보다 에너지의 70~80퍼센트 정도만 사용해서 완전히 번아웃이 되지 않도록 하는 게 중요합니다. 남은 에너지는 쉼, 즉 재충전에 우선적으로 분배해야 합니다.

물론 우리가 에너지를 100퍼센트 써가며 '하얗게 불태워도' 헤쳐나가기 어려운 세상에 살고 있는 게 맞습니다. 그렇지만 에너지를 남김없이 쓰고 나가떨어진다면, 그래서 아프고 괴롭고 힘들다면, 나 자신을 누가 돌봐줄 수 있나요? 스스로가 지치지 않게끔 자기를 돌보는 시간과 태도가 모두에게 필요합니다.

여러분은 언제 완전히 소진되었다고 느끼나요? 유난히 소진에 취약한 성향을 가진 사람들도 있는데, 이건 개인의 문제가 아니라 사회의 책임인 경우가 많습니다. 우리는 늘 평가당하고 줄세우는 환경에서 살아왔기 때문에 무슨 일이든 다 경쟁으로 여기게 됩니다. 대학에 서열이 있어 입시 경쟁이 치열하고, 최근에는 중·고등학교나 초등학교, 심지어 유치원에서까지도 입시 전쟁을 치르죠. 기업에도 순위를 매겨 근무하는 직장에 따라 서열을 나누고요. 예능 프로그램도 오디션이나 서바이벌 형식이 많고, 신곡을 발표하면 첫주에 음원 순위 100위 안에 들어야 한다고들 말합니다.

우리는 어떤 환경에서 소진될까요? 여러가지 이유가 있지만, 특히 사회적인 문제가 원인이 될 때가 많습니다. 세대 간 격차는 물론 기회가 부족한 저성장 사회도 문제가 됩니다. 이런 상황에서 경쟁이 더욱 치열해지는 게 소진을 가속하고요.

생산성이 중요한 사회에서 살다보니 이에 대한 강박도 소진에 취약한 성향을 더욱 자극합니다. 주말에 쉬지 않고 무언가를 하는 사람도 남달리 부지런해서라기보다는 생산성 강박에 시달리기 때문일 수 있어요. 이런 강박은 '계획만 전문가'인 사람들을 낳기도 합니다. 과도한 계획이 오히려 소진을 더욱 부추기는데 말이에요. 남들보다 불안감이 높거나 자기불신이 있는 사람도 소진에 취약하고요.

사회 전체의 분위기도 매우 중요합니다. 젠더감수성이나 인권감수성이 낮은 사회는 구성원들을 피로하고 지치게 만들고, 이런 사회에서는 혐오도 불평등도 차별도 많죠. 최근 뉴스를 보면 감정적으로 지치는 날이 많지 않나요? 특히 젊은 세대는 이런 사회 분위기에 굉장한 스트레스를 받습니다.

여성에게는 가정에서의 돌봄노동이나 감정노동이 요구되는 경우가 많습니다. 한국 사회는 가족끼리 굉장히 밀착되어 있고, 욕구나 욕망까지 공유하기도 하죠. 부모의 노후를 자식이 책임져야 하거나 자식의 미래를 부모가 나서서 결정하려 하는 사례가 많습니다. 때로는 사회가 책임져야 하는 부분까지 가정의 책임으로 돌리기도 하고요. 이런 문제로 개인은 또 커다란 압박을 받습니다. 특히 주 양육자는 자신이 자녀를 양육해온 것에 대한 보상을 바라는 마음을 품게 되는데, 자녀 세대가 이에 모두 보답하기는 힘듭니다. 그런데 한국에서는 이 선을 명확히 지키기가 어려워요.

번아웃이 왔고, 일이 잘 풀리지 않아 속상한 상황에 처한 내 모습을 보며 부모님이 땅이 꺼져라 한숨을 쉰다고 생각해봅시다. "내가 동네 창피해서 동창회를 못 가겠다"라고 말씀하시는 분도 있고, "누구 딸은, 누구 아들은 대기업에 취직하고 부모 여행도 보내준다는데 너는 뭐 하고 있느냐"라고 비교하는 분도 있죠. 어쩜 그렇게 부모님 친구 자식들은 다 잘나가는지 몰라요. 부모가 쉽게 뱉은 말이 자식의 가슴에는 콕콕 박히잖아요. 결혼이나 출산 문제도 비교와 성취의 대상이 되고요. 이런 것들이 사람을 굉장히 소진시키고 자책하게 만듭니다. 부모가 나를 힘들게 키워주었는데 자식 몫을 제대로 못해내는 것 같으니 자신을 불효자라고 여기기도 하고요.

이렇듯 현대사회에서 개인은 계속 여러가지 정체성을 취하며 공과 사 모두에서 적재적소에 맞게 브랜딩을 하는 완벽한 인간이 되기를 요구받고 있습니다. 예컨대 직장에서는 자기홍보를 잘하고, 상사의 비위를 잘 맞추고, 업무 성과도 좋고, 동시에 꼼꼼하게 재테크도 할 줄 아는 완벽한 직원이 되어야 하는 거죠. 이 모든 걸 다 해내면 이상적이겠지만, 어떻게 모든 분야에서 완벽할 수 있겠어요? 이런 압박이 계속되면 결국 탈진하게 됩니다.

어느정도의 성취욕은 당연합니다. 하지만 일을 제대로 해내지 못했을 때 필요 이상의 큰 압박을 받는다면, 그래서 계속 스스로를 착취하게 된다면 문제가 되죠. '공부를 잘하고 싶다'라는 생각은 괜찮지만, '공부를 잘하지 못하면 낙오될 거야'라는 생각은 우리를 과도하게 불안하게 합니다. 안타까운 것은 우리 사회가 늘 후자처럼 생각하게 만든다는 점이죠.

"일을 하다보니 어깨도 결리고 목도 뻣뻣하고 여기저기 자주 아파요. 소화도 잘 안 되고요. 제가 사무직이기 때문에 하루 종일 불편한 자세로 앉아 있어서 아픈 거라고 생각했어요. 남들도 다 저처럼 아프지 않나요?"

번아웃과 만성피로증후군은 신체적인 증상만 볼 때 거의 비슷합니다. 그 원인이 직무냐 아니냐에 따른 구분을 제외하고는 동일하죠. 저는 진료가 유독 많았던 날 일을 마치고 집에 돌아가면 '집에 왔는데 집에 가고 싶다'라고 외치고 싶어집니다. 어떤 마음인지 공감이 되나요? 피로가 전혀 풀리지 않고 쌓여 있기 때문에 집에 왔는데도 집에 너무 가고 싶은 거예요. 번아웃의 증상에는 이런 피로감이 있습니다. 기분 좋은 피로감이나 성취로 인한 뿌듯함이 아니라 쌓일 대로 쌓인 만성피로죠.

피로가 쌓이면 감정에도 영향을 미칩니다. 쉽게 짜증을 내고 예민해지기도 하고, 혹은 너무 피곤해서 에너지가 없으니까 웃을 힘조차 사라지기도 합니다. 오랜만에 친구들을 만나 재미난 이야기를 들어도 다른 친구들이 "하하하!" 하고 박장대소하는 사이 만성피로에 시달리는 사람들은 "하하하…" 하고 헛웃음을 짓습니다. 웃을 힘도 없는 사람들이 생각보다 많아요. 매사에 감흥도 덜 느끼게 됩니다. 좋아하는 영화나 드라마를 봐도 이전에 10만큼의 감동을 느꼈다면 소진된 이후에는 5만큼의 감동만 느끼거나, 아예 감흥을 잃을 수도 있죠.

이런 사람들은 무언가를 새로 시작하는 데 어려움을 겪습니다. 시작이 에너지가 가장 많이 드는 구간이거든요. 무거운 물체를 바닥에서 끌어당길 때도 처음에는 힘을 들여야 하지만 일단 물체를 끌기 시작한 후에는 에너지가 처음보다 덜 필요합니다. 우리 몸도 마찬가지예요. 처음에 힘을 쓰는 일이 어렵기 때문에 무언가를 새로 시작하기가 힘들죠. 기분전환을 위해 나가서 산책하면 좋을 것 같은데, 현관으로 가서 신발을 신는 게 안 됩니다.

누군가 신발을 신겨주고 집 밖으로 끌고 나가면 아마 산책할 수 있을지도 몰라요. 그런데 누가 그런 일을 매번 해줄 수 있겠어요. 스트레스를 해소하는 활동 자체를 시작하기가 어려우니 피로는 풀리지 못하고 계속 쌓이게 됩니다.

피로가 쌓이면 주도성이나 적극성을 상실하게 됩니다. 무언가 해보고 싶다는 마음이 사라지고, 누군가에게 어떤 일을 함께하자고 제안하기도 어려워지죠. 친구와 약속을 잡는 일도 무척 힘들어지고, 적극적인 대답도 회피하게 됩니다.

과도한 습관성 행동도 번아웃 증상에 해당합니다. 과도한 습관성 행동이라는 말이 어렵게 느껴질 수 있지만, 예컨대 SNS를 하루 5시간씩 붙잡고 있는 것도 여기에 속합니다. 스트레스 해소를 위한 보상심리로 폭식이나 폭음을 하게 되고, 과도하게 흡연을 할 수도 있죠. 인터넷 서핑, 게임, 온라인 쇼핑 등에 집착하기도 하는데, 이런 습관성 행동의 문제는 피로를 본질적으로 해소하는 방법이 아니라는 점입니다.

최근 사람들이 많이 하는 스마트폰 게임 중에 농장 가꾸기 게임이 있습니다. 이런 게임은 바로바로 결과물이 보여요. 열심히 클릭을 하면 호박을 캘 수 있고, 공장을 가동할 수 있고, 게임 머니를 벌 수 있죠. 게임상에서 차도 사고 집도 사고 땅도 살 수 있습니다. 이런 게임의 경우 결실이 눈에 보이니 보상심리를 채워주는 것처럼 느껴지지만, 실질적으로는 스트레스 해소에 큰 도움이 되지 않습니다.

스트레스 해소법에는 수동적인 방법도 있고 적극적인 방법도 있습니다. 적극적인 스트레스 해소법은 실천하기 힘들지만 훨씬 효율이 좋습니다. 첫발을 떼기 힘들더라도 등산을 하고 오면 기분이 상쾌해지고, 친구랑 약속을 잡아 만나서 수다 떨고 나면 기분이 좋아지기도 하죠. 그런데 몸과 마음이 완전히 지친 사람들은 어떻게든 몸을 일으켜 밖에 나가는 일 자체가 어려우니까 수동적인 스트레스 해소법만 찾게 됩니다. 스트레스는 조금밖에 풀리지 않은 채 계속 쌓여 있는 거죠.

끊이지 않고 업무를 생각하는 것 역시 피로를 쌓이게 합니다. 이런 경우 타인과의 대화에서 어려움을 겪을 수 있어요. 다른 사람들과 이야기를 하는데 회사에서 있었던 일이 계속 생각나는 거예요. 친구들과 수다를 떠는 중에도 해야 하는 일이 머릿속에서 맴돌아 집중이 안 되는 거죠. 일부러 대화를 피하는 게 아니라, 정말 집중이 어려운 겁니다.

심한 경우에는 휴가나 휴일에 집에 있는데도 일 생각이 계속 납니다. 여행을 가서도 업무 생각에 사로잡혀 제대로 쉬지 못합니다. 갑자기 메일을 확인하고 업무용 메신저를 켭니다. 휴가 중에도 일을 처리해야 하는 어쩔 수 없는 경우가 아닌데도요. 이렇게 업무와 휴식을 제대로 맺고 끊지 못하면 부담이 가중됩니다. 꼭 필요한 일은 해놓고 쉬는 것과, 모든 것이 완벽해야 한다는 생각 때문에 휴가 중에도 계속 일하는 것은 다르죠. 위임과 협업이 반드시 필요합니다.

어떤 사람은 업무나 회사, 같이 일하는 사람들에게 거부감, 부담감, 심하게는 혐오감을 느끼기도 합니다. 그래서 '월요병'이 심해지기도 하죠. 출근할 때 회사에 가까워짐에 따라 점점 기분이 저하되기도 하고, 사무실 문 앞에서 극도로 긴장하는 경우도 있고요.

피로와 비슷하지만 조금 다른 증상으로 무기력이 있습니다. 퇴근 후에 집에서 뭘 하느냐고 물어보면 그냥 누워만 있다고 대답하는 사람들이 있어요. 무기력증이 심하면 모임이나 약속에 부정적이 됩니다. 혼자서 운동하거나 취미를 즐기거나 산책하기 어렵고, 주변 사람들에게 먼저 연락을 시도하는 건 더 힘들고요. 이런 증상이 지속되면 에너지가 정말 바닥나서 방전된 상태라는 표시입니다.

신체에 직접적으로 나타나는 증상들도 있습니다. 혹시 원인모를 두통에 시달리거나 밤에 잠들기 어려워 불편을 겪지는 않나요? 두통과 불면증, 과도한 수면 혹은 수면 리듬 장애는 번아웃의 대표적인 신체 증상입니다.

일반적인 수면 리듬은 늦은 밤 11시에 잠들어 7시간에서 8시간 정도 자는 게 이상적입니다. 무리해서 일하거나 밤늦은 시간에 일하는 사람들은 이런 이상적인 수면 리듬을 유지하기 어렵죠. 예컨대 새벽 4시에 잠들어 낮 12시에 일어나게 되면 수면 시간이 뒤쪽으로 쭉 밀리면서 수면 위상이 지연됩니다. 그런데 이렇게 수면 위상이 지연되면 우리 몸은 무척 피곤해합니다. 빛과 소음이 방해하지 않는 심야 시간에 잠들어야 근육도 더 이완되고 좋은 호르몬도 나오는데, 그러지 못하니 몸이 무리하게 되죠. 똑같이 8시간을 자도 수면 시간이 언제인지에 따라서 피로가 덜 풀릴 수도 있습니다. 또 너무 피로하거나 과도하게 집중해서 일하고 난 직후에는 긴장감이 높아져 있는 상태이기 때문에 오히려 잠들기 어렵기도 합니다. 머릿속 복잡함이 가라앉는 데 시간이 걸리니 곧장 잠들기 어렵고, 그래서 수면 위상이 지연되거나 불면증이 오기도 합니다.

두통, 만성통증을 비롯해 근육통이나 복통도 나타날 수 있고 식욕 부진이나 소화 곤란이 올 수도 있습니다. 긴장하거나 스트레스를 받으면 화장실을 자주 가는 사람 있죠? 변비나 설사 같은 장 증상, 과민성대장증후군도 모두 번아웃의 신체 증상 중 하나입니다.

체온을 조절하는 데 어려움을 겪을 수도 있습니다. 실제로 미열이 있을 수 있고, 체온은 정상이지만 열감이나 냉감을 느낄 수도 있고요. 갑자기 확 더웠다가 확 추워지기도 하고, 몸살기를 느끼기도 합니다. 정말로 열이 나서 병원에 갔는데, 여러 검사를 해봐도 원인을 찾지 못하는 경우도 있습니다. 이런 경우 심리적 열 psychological fever이 난다고 합니다. 다른 원인이 있는 게 아니라 스트레스 때문에 몸의 온도가 약간 올라가는 거예요.

그리고 신체의 면역 체계가 혼란스러워집니다. 바이러스 감염에 취약해지거나 알레르기 증세가 올라올 수도 있고, 잔 염증들이 많이 생기기도 합니다. 원래 가지고 있던 증상이 악화되고, 입병이 낫지 않는다거나 감기 같은 잔병치레가 잦아지기도 합니다. 우리 몸이 위험 신호를 보내는 거죠.

한 사람의 정신과 신체 건강에는 여러 요소가 관여합니다. 이 요소를 크게 세가지, 생물학적·심리학적·사회학적 관점으로 나누어 볼 수 있습니다. 우선 생물학적으로 타고나는 유전자가 있습니다. 우리는 각자 체질이 다 다르잖아요? 유전적으로 개인이 지니고 있는 소인이 있고요. 개인의 면역 체계나 감염에 대한 반응 같은 생물학적인 원인이 정신과 신체에 영향을 줍니다. 심리학적인 요인으로는 스트레스가 크게 작용합니다. 여기에 성장하면서 자연스럽게 형성되는 성향, 성격, 건강 관련 행동, 병에 대한 반응 같은 것들이 영향을 주고요. 마지막으로 사회학적인 요인에는 내가 아플 때 주변에서 누가 도와주는지, 피로한 상태에 대해 어떤 반응을 보이는지, 건강에 대해 어떻게 교육받았는지 등이 포함됩니다. 위생도 중요하고 의료적인 뒷받침도 중요하죠. 이렇게 여러가지 요소가 복합적으로 관여하는 게 개인의 건강입니다.

이런 개인의 건강에 지대한 영향을 끼치는 스트레스는 말 그대로 자극이라는 뜻입니다. 좋은 자극이든 나쁜 자극이든 모두 스트레스라고 지칭하고, 이로운 스트레스(유스트레스eustress)와 유해한 스트레스(디스트레스distress)를 구분하기도 합니다. 나쁜 일은 아니지만 비교적 긴장이 되는 새로운 일, 예를 들어 연애를 시작하거나 학교에 입학하는 것도 스트레스입니다. 당연히 사랑하는 사람과 이별하거나 어떤 일에 실패하거나 남들에게 비난을 받는 것도 모두 스트레스고요.

스트레스를 받으면 우리 몸은 그 스트레스에 대응하기 위한 체제로 바뀝니다. 헝가리 출신의 내분비학자 한스 셀리에Hans Selye는 스트레스에 대한 일반적응증후군 이론으로 스트레스에 대처하는 단계를 크게 경보-저항-피로라는 세 단계로 구분했습니다. 큰 스트레스를 받으면 우리 몸은 비상 체제로 전환됩니다. 첫번째 단계인 경보 단계이죠. 비상벨이 요란스레 울리며 우리 몸에 경고를 보내고, 코르티솔이라는 스트레스호르몬이 분비됩니다. 그러면 호흡과 심작박동이 빨라지고, 근육이 긴장되고, 다른 생리적 변화도 더불어 일어납니다. 에너지가 많이 소모되지만 그만큼 스트레스에 대처할 수 있는 빠릿빠릿한 상태가 됩니다.

곧이어 에너지를 소모하면서 서서히 스트레스에 대처할 수 있게 되는 저항 단계에 접어듭니다. 스트레스에 반응하는 인간의 생리적 기능이 최고조에 이르는 시기예요. 스트레스의 원인을 해결하고 스트레스 상황에 적극적으로 대처해나가게 됩니다. 첫 단계에서 보이던 신체적 변화들은 회복되고, 저항력과 면역력이 평균 이상으로 늘어납니다. 물론 이렇게 애를 써서 적응하다보니 우리 몸은 서서히 지쳐갑니다.

첫 직장에 입사했다고 생각해봅시다. 모든 것이 낯설고, 일을 새로 배우고 동료들을 알아가느라 잔뜩 긴장하게 됩니다. 매일 다량의 스트레스호르몬이 분비되고 있을 겁니다. 이런 비상 체제에서 에너지를 많이 써가며 업무를 파악하고 분위기에 익숙해지면 이제 그전만큼 힘들지 않고 상황에 잘 대처하게 되죠. 이 시점에 누가 힘들지 않냐고 물어본다면 "처음에는 진짜 힘들었는데 이제 적응되어서 괜찮아" 하고 말할 수 있습니다. 이런 과정을 우리는 적응이라고 부릅니다.

그런데 만약 스트레스가 멈추지 않고 지속된다면 어떨까요? 이때는 피로 단계로 들어서게 됩니다. 이 단계는 고갈, 혹은 탈진

단계라고도 불리는데, 스트레스가 대응 범위를 넘어서는 상황입니다. 앞선 예를 이어서 생각해볼까요? 입사 후 겨우 그 부서에 적응했는데, 곧바로 다른 부서로 발령이 났다고 상상해봅시다. 쉬지 못하고 다시 새롭게 일을 배우고 분위기에 적응해야 합니다. 신입 생활이 끝나지 않고 지속되는 느낌이죠. 계속 스트레스를 받는 상황이므로 우리 뇌가 스트레스호르몬을 분비하는 기관을 자극하지만 이미 몇개월간 쉬지 않고 가동하느라 지칠 대로 지친 상태, 사용할 수 있는 신체와 마음의 자원을 거의 다 써버린 상태입니다. 이때는 스트레스 요인에 대한 적응력이 소진되어 첫 단계의 경고 반응 징후들이 다시 나타나지만, 스트레스호르몬이 필요한 만큼 충분히 분비되지 않습니다. 아무것도 할 수 없고 아무것도 하기 싫은 엄청난 무기력 증상이 나타나게 됩니다.

비가 와서 누전 위험이 있거나 너무 큰 전력이 흐르면 두꺼비집이 내려가면서 집 안의 전기를 모두 차단합니다. 우리 몸도 똑같아요. 스트레스호르몬이 분비되고 우리가 스트레스에 잘 적응하면 문제가 되지 않습니다. 하지만 과도한 스트레스가 지속되면 스트레스호르몬을 분비하는 시상하부−뇌하수체−부신 축$^{HPA-Axis}$이 억제되는데, 이 축을 활성화하는 데 에너지가 정말 많이 들기 때문입니다. '아무리 대응해도 소용없구나. 매번 이렇게 에너지를 많이 쓸 수 없으니 이 과정을 억제하자'라고 생각하는 거죠. 그래서 스트레스에 적절히 대응하기 어려워지고 몸의 반응도 느려지게 됩니다. 대처할 힘이 없으니 우리 몸의 두꺼비집이 내려가는 거죠.

모든 시스템에는 과부하가 일어나면 '셧다운' 되는 장치가 있습니다. 우리 몸의 스트레스 시스템도 마찬가지예요. 스트레스 시스템의 장기적인 과부하로 인해 신체가 작동을 중단할 수 있습니다. 불필요한 에너지 소비를 막고 다른 기관의 손상을 방지하기 위해 내 몸의 전원을 끄는 결정을 내리게 됩니다.

우리 몸에는 몸의 상태를 자동으로 조율하는 자율신경계라는 게 있습니다. 자율신경계는 공습경보가 울리는 비상 상태를 담당하는 교감신경계와 휴식 및 충전 상태를 활성화하는 부교감신경계로 나뉩니다. 교감신경계는 우리 몸을 긴장하게 하고, 부교감신경계는 우리 몸을 이완시키고 쉬게 합니다. 우리 몸은 두가지 신경계를 적절히 배합하고 상호작용해가며 스스로 조절합니다.

몸이 긴장하면 교감신경이 활성화되면서 위기에 대처하는 반응을 만들어줍니다. 어떻게 보면 인류가 살아남는 데 크게 기여한 신경계인 셈이죠. 원시시대에는 인간이 물리적으로 약했기 때문에 갑자기 맹수가 나타나면 재빨리 도망가거나 무기를 들어 맹수를 때려잡아야 살아남을 수 있었습니다. 그런데 그 순간 머릿속으로 이것저것 따져본 후 행동하면 이미 늦어요. 호랑이가 뛰어오면 본능적으로 움직여야지, '어떻게 하지? 저거 호랑이 맞지?' 같은 생각을 하며 망설이고 있으면 단번에 잡아먹히고 말거예요. 그러니까 재빨리 도망가거나 싸울 수 있는 상태를 만들어주기 위해서 몸이 바로 반응합니다. 이러한 긴장 상태가 탁 켜지면 순간 '위험하다!'라고 판단해 몸이 본능적으로 움직이죠.

교감신경이 활성화되면 심박이 증가하고 폐활량도 늘어납니다. 숨이 가빠지면서 산소를 많이, 빨리 쓰죠. 위장 같은 소화기관은 전부 억제됩니다. 온몸의 힘을 다 써서 도망가거나 싸워야지, 소화시키고 맛을 느낄 계제가 아니잖아요. 위험을 감지하기 위해 동공은 확대되고, 어딘가 매달리거나 싸우기 위해 혈액을 대근육, 즉 팔다리, 어깨, 허리 등과 관련된 큰 근육으로 보냅니다. 이런 일들이 동시에 발생합니다.

이처럼 위기에 대처하기 위해 우리 몸은 엄청난 에너지를 쓰고, 실제로도 굉장히 초인적인 힘을 발휘할 수 있습니다. 오늘날의 예를 들어볼까요? 아무 생각 없이 길을 걷다가 차가 훅 끼어들어올 때, 가만히 있었으면 치였을 텐데 나도 모르게 피하는 경우가 있잖아요. '정말 죽을 뻔했어' 하고 가슴을 쓸어내리며 말이에요. 평소 같으면 그렇게 빨리 움직이지 못했을 텐데 본능적으로 몸을 피한 거죠. 이런 반응들은 교감신경계와 협응된 경우가 많습니다.

부교감신경은 반대로 맹수를 물리쳤든 도망을 갔든, 상황이 종료된 이후에 활성화됩니다. 이제 위기 상황은 지나갔으니 부교감신경이 활동하면서 우리 몸을 다시 재충전하는 거예요. 멈췄던 소화 작용을 재개하고, 말초혈관까지 혈액이 흐르며 손발도 따뜻해지고, 화장실도 가는 단계이죠. 평소에는 교감신경과 부교감신경이 각각 절반 정도씩 활성화됩니다. 그러다가 몸과 마음이 편안하면 부교감신경이, 긴장되고 위험하다는 생각이 들면 교감신경이 좀더 반응하는 거죠.

문제는 인간이 스트레스를 많이 받으면 교감신경이 지나치게 오래 활성화된다는 거예요. 우리 몸이 계속 비상인 겁니다. 직장에 나를 괴롭히는 사람이 있거나, 까다로운 사람의 비위를 맞추어야 하거나, 유달리 요구가 많은 고객을 상대하게 되면 심리적으로 비상 상태가 됩니다. 그러면 교감신경을 계속 쓰게 되고, 몸에 무리가 갑니다. 스트레스를 받을 때 가슴이 계속 뛴다거나 심장 소리가 들리는 것 같다고 말하는 사람들이 있는데, 실제로 그렇게 느낄 수 있습니다. 숨도 가쁘고 잘 안 쉬어지는 것 같고요.

가슴은 답답하고, 목구멍에 뭐가 걸린 듯하고, 돌덩이 같은 걸 삼킨 느낌도 들고, 뭔가 어깨를 짓누르는 것 같고 말이에요. 비상 상태가 계속되다보니 소화도 안 되고 입맛도 떨어지고요.

그러다보니 번아웃이나 만성피로증후군에 시달리는 사람들은 우리 몸을 이완하게 하는 기능, 즉 부교감신경의 활동이 떨어지고 긴장 기능을 활성화하는 교감신경만 과도하게 올라가 있는 불균형 상태가 됩니다. 심박이나 호흡, 혈압 조절이 어렵기 때문에 어지럼증을 느끼기도 하고, 앉았다 일어서면 핑 돌기도 하고, 갑자기 쓰러질 것 같기도 하죠. 심각하면 살짝 기절하기도 하고요. 극심한 스트레스를 받는 사람들이 이런 증상을 경험합니다.

모든 생명체에는 리듬이 있습니다. 맥박, 호흡, 호르몬, 심지어 감정에까지 모두 일정한 리듬이 있어 이 리듬에 맞추어 활동합니다. 우리 몸은 대략적으로 24시간에 맞추어 생체시계를 유지하기 위해 여러 호르몬을 내뿜고 또 제어하며 조절합니다. 하루 동안의 활동 일주기 리듬이 몸에 내재되어 있는 거죠. 스트레스호르몬이라고 불리는 코르티솔도 마찬가지입니다. 건강한 개인이라면 하루 종일 일정량의 스트레스호르몬이 분비되는 게 아니라, 특정한 시간대에는 많이 나오고 또다른 시간대에는 적게 나오는 리듬을 따릅니다.

문제는 스트레스를 지나치게 받으면 이 리듬에 변화가 생긴

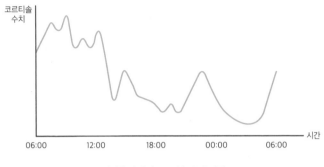

건강한 사람의 코르티솔 수치 변화

다는 겁니다. 스트레스를 받으면 받을수록 스트레스호르몬도 계속해서 분비될 것 같지만, 실제로는 그렇지 않습니다. 하루 종일 비슷한 양의 스트레스호르몬이 나오면서 외려 수치가 일정해집니다. 생명체는 리듬이 크게 줄어들거나 아예 없어지면 상태가 아주 나빠진 것으로 봐야 합니다. 스트레스를 받아서 호르몬의 리듬이 깨지면 다른 생체시계의 리듬도 밋밋해지면서 정상적인 리듬이 흐트러집니다. 수면이나 소화 같은 문제에도 영향을 끼치고 피로는 더욱 심해지죠. 이런 식으로 우리 몸의 리듬이 헝클어지면 기분이 나빠지고, 짜증이 늘고, 병이 나는 등 좋지 않은 증상이 연쇄적으로 일어납니다.

우리의 에너지에도 기복이 있습니다. 에너지가 뿜어져나와 기운이 올라가는 시기가 있는가 하면 일정한 수준에 머무르거나 전보다 떨어지는 시기도 있죠. 그런데 번아웃이 오면 에너지 수준이 기분을 좌지우지합니다. 목적의식이 강해지고 인정욕구가 올라가는, 에너지 수준이 높은 시기에만 기분이 괜찮은 거예요. '나는 그래도 열심히 하고 있어' 하는 생각으로 쉬지 않고 달리다 보면 당연히 지치겠죠? 그러면 에너지를 줄여야 하는 시기가 찾아오고 이때는 푹 쉬어야 하는데, 그걸 우울하다고 느끼는 겁니다. '지금 뭐 하고 있는 거지? 에너지가 쭉 올라가서 지속되어야 하는데 왜 떨어지지?' 하는 생각이 듭니다.

감정이나 에너지에 기복이 있는 건 당연합니다. 기복 없는 평평한 그래프는 만들어질 수도 없고, 실제로 그런 일이 벌어지면 과로로 인해 병이 날 수 있어요. 기복이 있는 게 자연스러운 현상인데, 항상 높은 수준의 감정적 레벨, 에너지 레벨을 유지해야 한다는 강박이 있으면 에너지가 떨어지는 게 용납되지 않습니다. 그러면서 기분이 나빠지는 걸 느낄 거예요. 에너지가 떨어지면 충전하면 되는데, 충전해야 하는 시기에 계속 자책하게 되잖아요. '이게 아닌데, 이게 아닌데'라고 생각하면서요. 충전은 잘 안 되고 쉬면서도 마음이 편하지 않겠죠. 그래서 과로가 누적되는 경향을 보일 수 있습니다.

몸에 대한 이야기를 듣다보니 몸이 찌뿌둥하지 않나요? 스트레스를 많이 받으면 가장 먼저 근육이 긴장하는 게 느껴집니다. 팔다리, 목과 어깨부터 시작해 온몸이 다 아프죠. 어디 가서 몸을 쓰는 일을 하고 온 것도 아닌데 어깨도 단단해지고 팔도 뭉치고 심하면 쥐가 날 것 같기도 합니다. 손발이 차가워지는 경우도 많고 혈액순환도 안 되고요. 이런 몸 상태에서는 피로를 풀어주기 어렵습니다. 몸이 긴장하고 나를 조이고 있는데 피로를 어떻게 풀겠어요.

이럴 땐 체계적 이완법이 효과적인데, 몸을 충분히 이완하면서 부교감신경을 불러일으키는 방법입니다. 불이 나면 물로 끄듯이, 몸이 긴장했을 때는 긴장을 푸는 방법을 자꾸 쓰는 거예요. 피로하고 긴장했을 때 에너지 소모를 조금이라도 막아보자는 거죠.

우선 심호흡이 중요합니다. 불안하고 가슴이 두근두근할 때 가장 통제하기 좋은 것이 바로 호흡수입니다. 심박은 스스로 통제할 수 없어요. '심장이 너무 두근거리니까 천천히 뛰게 해야겠다'라고 결심하지 않잖아요? 심장을 천천히 뛰게 하려고 생각해도 마음처럼 잘 되지 않습니다. 반면 호흡은 시계를 보면서 숨을 쉰다거나, 천천히 리듬을 정해 숨을 내쉬다보면 횟수를 조절할 수 있어요.

호흡을 조절할 때는 코로 들이쉬고 살짝 멈추었다가 입으로 내쉬는 걸 의식적으로 반복하면 좋습니다. 이렇게 천천히 호흡을 하고 호흡수를 낮추면 부교감신경이 활성화됩니다. 보통 우리는 1분에 10회에서 20회 정도 호흡하는데, 1분에 10회 이하로 호흡수를 낮추어보는 겁니다. 코로 3초간 들이쉬고, 1초 멈추었다가, 4초 동안 내쉬어봅시다. 한 호흡에 8초가 걸리니 호흡을 1분에 7~8회 정도로 낮출 수 있습니다. 이렇게 호흡을 조절하면서 몸에 하나둘 힘을 빼면 좋습니다. 코로 들이쉬고 멈추었다가 입으로 내쉬고, 다시 한번 코로 들이쉬고 멈추었다가 입으로 내쉽니다. 숨을 들이쉴 때는 좋은 공기가 들어오고 내쉴 때는 노폐물이 빠져나갑니다.

눈을 감아도 좋고, 의자에 기대어 앉아도 좋고, 편안히 누워도 괜찮습니다. 축 늘어져서 나무늘보처럼 쉬면 됩니다. 느린 호흡을 계속 유지하면서 몸의 힘을 빼봅시다. 처음에는 자주 쓰는 손의 힘을 빼볼게요. 숨을 쉬면서 주먹을 쥐었다가 펴고, 팔꿈치에 힘을 주어서 구부렸다가 다시 폅니다. 반대쪽 손과 팔도 똑같이 해주세요.

긴장한 상태에서는 몸의 힘을 빼려고 해도 잘 되지 않습니다. 스트레스로 몸이 잔뜩 굳어 있기 때문에 힘을 뺐다고 생각해도 실제는 그렇지가 않아요. 그럴 땐 억지로 힘을 한번 더 주었다가 스르르 풀어주면 힘 빼는 동작에 더 의식하게 되면서 긴장을 풀 수 있습니다.

양손의 힘을 뺐으면 이제 손에 의식을 집중해볼게요. 손에 집중하면서 숨을 쉬는데, 그 손에 따뜻한 햇살이 비치고 있다고 한번 상상해보는 거예요. 지금 시원한 바닷가에 앉아 있고, 상쾌한 바람이 불어오고, 내 손에 따뜻한 햇살이 비치고 있다고요. 심호흡을 하니까 속도 편안하고, 기분도 좋고, 손도 점점 따뜻해집니다.

손이 진짜 따뜻해졌다고 느낀 분 있나요? 처음에는 어색하고 잘 안 되더라도 몇번 하다보면 정말로 손이 따뜻해졌다고 느끼게 됩니다. 저는 평소 5분 정도 잔잔한 음악을 들으면서 심호흡을 하는데, 그러다보면 이렇게 부교감신경을 활성화하는 요령도 늘더라고요. 긴장해서 손발이 차가울 때, 손과 발이 정말로 따뜻해진다고 상상하면서 신경을 집중하면 실제로 그쪽으로 혈류량이 늘어난다고 합니다. 혈류량이 늘어나면 혈액순환도 잘되고, 근육도 이완되고, 무엇보다 기분전환이 됩니다.

번아웃이 올 때, 특히 어떤 압력을 받아 번아웃이 올 때는 머리(이성)만 지나치게 쓰는 경우가 많습니다. 끊임없이 계획을 세우고, 무언가 해야 한다는 생각에 시달리고, 감정 중에서도 부정적인 감정 몇가지만 느껴지고요. 그럴 때 몸이나 호흡, 내 손의 느낌 등에 신경을 집중하면, '지금 여기'에 있다는 느낌이 들면서 머리에 몰려 있던 스트레스가 분산되어 긴장을 풀 수 있습니다.

저와 같이 번아웃에 대해 강의했던 심리학자 선생님이 청중에게 이런 질문을 던지는 것을 들은 적이 있습니다. "여러분은 여기에 몇 퍼센트나 와 있나요?" 사실 강연장에, 학교에, 회사에 내가 온전히 다 와 있지 않은 경우가 많습니다. 몸만 와 있기도 하고 집에 나 자신을 10퍼센트 정도 남기고 온 경우도 있고요. 잔업을 생각하면서 회사에 나를 남기고 퇴근하기도 하고, 내일 시험을 걱정하면서 학교에 남아 있기도 하고, 친구랑 연락을 주고받다가 알 수 없는 일로 찜찜하게 끊겼다면 거기에 15퍼센트 정도 가 있기도 한다는 거죠. 물론 늘 100퍼센트 지금 여기에 충실할 수는 없습니다. 하지만 생각이 많고 걱정에 얽매여 있을 때는 몸을 환기해주고, 감정이나 느낌, 신체에 집중하며 신경을 활성화하면 지금 여기에 집중하는 데 도움이 됩니다.

번아웃은 진단 기준이 명확한 질병은 아닙니다. 하지만 번아웃이 왔다고 자각이 되고, 이대로라면 상태가 악화될 것 같다는 생각이 들 때는 무조건 충분한 휴식을 취해야 합니다. 나에게 휴식이 필요하다는 걸 인식하고, 휴식시간을 따로 잡아두는 게 좋습니다. 특히 수험생들은 무리하게 학업 계획을 세우는 경우가 많은데, 다른 어떤 일정보다도 휴식시간을 먼저 정해두어야 합니다. 의식적으로 쉬지 않으면 계속 쉬지 못하게 되거든요. 쉬는 건 낭비가 아니라 다음 단계로 나아가기 위한 필수적인 시간입니다. 침대에 누워서 쉬어도 좋지만, 가장 좋은 휴식은 자연으로 나가는 겁니다. 밖에 나가서 걷고, 등산하고, 바람과 햇살을 느끼면 훨씬 좋겠죠.

그런데 현실적으로 당장 조치를 취하기 힘든 경우가 훨씬 많습니다. 휴가를 내고 쉬거나 직무를 변경하면 도움이 된다는 걸 알아도 곧장 실현하기 어렵죠. 그럴 때 '절망적이다' '내 인생은 끝났다' '죽어야 끝날까?'처럼 막다른 쪽으로 생각이 건너뛴다면 큰 문제가 될 수 있습니다. 직무 스트레스를 잘 조절해서 삶을 계속 영위해야 하는데, 도무지 해결책이 보이지 않는 상황적인 절망감이 있을 수 있습니다. 어떻게 해도 효능감을 끌어올리기 어려운 경우가 있고, 실제로 과로로 세상을 떠나는 사람들도 있고요.

휴가를 내거나 휴직하거나 사표를 내기 어려울 때, 무슨 일을 해도 아무 소용이 없다고 느껴질 때, 즉 출구가 없다는 생각이 들 때는 이미 심하게 지쳐 있어 합리적인 생각을 하기 어렵습니다. 이럴 때는 적극적으로 병원을 찾거나 상담을 받고, 개인을 지지해주는 사람들에게 도움을 받아서 좋은 선택을 내릴 수 있는 힘을 길러야 합니다.

그렇다면 번아웃에서 벗어나기 위해 지금 당장 무엇을 할 수 있을까요? 첫번째 단계는 지금 내 몸과 마음의 상태를 차분히 느껴보는 겁니다. 지치고 피곤하고 힘들어하는 데 자격 같은 건 필요 없습니다. 그냥 내가 느끼기에 힘들고 괴로우면 번아웃이에요. 무언가를 열정적으로 해야만 번아웃이 오는 게 아닙니다. 스스로를 살펴주세요. '내가 많이 지쳤구나' '내 몸이 뭉쳤구나' '힘이 드는구나' '감정이 덜 느껴지는구나' 하고 자각하는 시간이 필요합니다.

특히 나를 관찰하는 게 중요합니다. 저는 내담자들과 상담할 때 이런저런 이야기를 물어봅니다. "언제 피곤하세요?" "뭐 하면서 스트레스를 푸세요?" "뭐 좋아하세요?" 주로 시시콜콜한 것들이죠. 그런데 이런 질문에 생각보다 "모르겠는데요"라고 대답하는 분이 많습니다. 왜 그럴까 생각해봤습니다. 제 진료실을 찾는 분들이 관찰력이 없거나 개성이 없는 사람들이 아닌데, 왜 자꾸 모른다고 이야기할까요?

내가 무엇을 좋아하고 싫어하는지, 언제 행복하고 언제 피로를 느끼는지 모른다는 건 머리가 나쁘거나 감각이 둔해서가 아닙니다. 이런 질문에 대답이 미리 정해져 있다고 생각하기 때문에 내가 어떤 상태인지 관찰이 잘 안 될 뿐이죠. 예컨대 언제 기분이 별로인지 물어보면, '나는 늘 기분이 괜찮아야 한다'라는 명제를 머릿속에 떠올리는 경우가 많습니다. 그러니 진짜 나 자신을 관찰하기 힘든 거죠.

제가 초등학생 때 강낭콩을 키우고 관찰일기를 쓰는 숙제가 있었어요. 그런데 이런 일이 있었습니다. 강낭콩의 떡잎은 분명 두개라고 배웠는데, 어떤 강낭콩은 떡잎이 한개만 나는 거예요. 돌연변이였겠죠. 그런데 관찰일기에 그림을 그려야 하잖아요? 돌연변이 떡잎을 관찰한 친구들도 관찰일기에는 모두 두 잎을 그리더라고요. 실제로는 잎이 한개지만 우리는 두개라고 배웠으니까요.

이런 경우가 굉장히 많습니다. 내가 어떤 상태인지, 뭘 좋아하는지, 무엇을 하면 스트레스가 풀리는지, 언제 스트레스를 많이 받는지, 기분이 나쁜지 좋은지에 대한 실제 데이터는 없고 정해놓은 대답만 있습니다. 이제부터는 머릿속에 이미 마련해놓은 답이 아닌 실제 내 상태를 자세히 관찰해보자는 거죠.

당위, 의무, 불안은 정확한 관찰을 가로막습니다. 그래서 나에 대한 관찰일기를 써보는 게 중요해요. 일단 잘 살펴보는 것 자체가 나를 수용하는 방법이자 스스로에게 건네는 위로가 되거든요. 내가 무엇을 하면 기분이 좋은지, 무엇을 하면 스트레스를 많이 받는지 찾아보는 겁니다. '커피보다 홍차를 마시니까 기분이 더 좋네' '달리기를 했더니 기분이 나아졌네' '북적북적한 장소에 나가는 건 별로야' '친구가 이런 말을 하면 기분이 나쁘네' 이런 세

세한 걸 다 관찰해보는 거죠. 그리고 관찰일기를 바탕으로 나를

보살피는 기준과 방법을 찾고 지켜나갑니다. 그렇게 직면한 내

감정을 수용하면서요.

내 상태를 관찰했다면 그다음에는 여러가지 자극을 통해 지금의 나 자신을 느껴보면 좋습니다. 시각, 청각, 후각, 미각, 촉각을 자극하면 도움이 됩니다. 실제로 몸을 움직이고 무언가를 보고 듣고 맛보고 만지면서 내 몸이 어떻게 움직이고 어떻게 느끼는지, 그에 따라 마음이 어떻게 움직이고 자극받는지도 함께 느껴보고요. 명상도 큰 도움이 됩니다.

저는 '오감일기'를 써볼 것을 제안합니다. 메모나 일기 어플리케이션도 좋고, 노트북도 괜찮습니다. 여러가지 기록법이 있겠지만 오감일기인 만큼 작은 수첩을 하나 준비해도 좋겠네요. 오감일기를 쓰는 방법은 아주 간단합니다. 한주에 한가지 감각을 정해 총 다섯가지 감각을 5주 동안 자세히 기록합니다. 첫째주는 청각, 둘째주는 촉각, 셋째주는 시각, 넷째주는 미각, 마지막주는 후각 이런 식으로요. 촉각 주간에는 일주일 동안 촉각의 기록만 쓰는 거죠. 더 선호하거나 기록하고 싶은 순서대로 오감의 주간을 나누고, 그 감각에 대한 기록을 하루에 하나씩 써나갑니다.

자, 이제부터가 중요합니다. 감각을 기록할 때 성실하게 '묘사'해야 합니다. 감각을 예상하거나 평가하지 않는 언어를 사용하세요. 이게 생각보다 어렵습니다.

촉각의 주 첫날, 이불에 대해 쓰기로 했다고 가정해봅시다. 우리는 이불을 낱낱이 느껴보기도 전에, 머릿속에 있는 이불의 이미지를 떠올리며 '이불이 보드랍다'라고 쓰기 쉽습니다. 사실 내가 덮는 이불은 독특한 천이라 그렇게 보드랍지 않고, 보풀이 나있어 오히려 까끌거리는데도요. 우리가 생각보다 오감을 존중하지 않고, 머릿속 이성으로 쉽게 재단하고 표현한다는 사실을 깨닫게 됩니다.

자, 그럼 다시 '이불의 보풀이 고운 흙 속의 작은 모래처럼 까끌까끌하다'라고 썼다고 해볼까요? 이런 감각과 묘사 자체가 참 낯설지 않나요? 이 낯선 상태를 오랫동안 느끼면서 머무르기 바랍니다. 표현할 단어가 떠오르지 않아도 괜찮습니다. 낯선 시간에 충분히 머무른 후 뒤이어 어떤 생각이나 감정이 드는지 천천히 의식을 따라가세요.

우리는 무언가를 천천히 느끼기도 전에 다른 사람들이 명명한 감각이나 느낌을 그대로 수용하곤 합니다. "그건 따가운 게 아니라 간지러운 거야" "어머, 그 색은 촌스럽다" 같은 타인의 판단 없이 처음부터 내 몸으로 느끼고 내 말로 적어보는 연습을 해봅시다. 감각을 쓸 때는 의성어, 의태어도 많이 동원하기 바랍니다. 비유를 써도 되지만, 오감을 구체적으로 느낄 수 있도록 적는 게 중요합니다. 더불어 되도록 감각하는 부위를 자세히 묘사합니다. '오른쪽 턱 윗부분에 부딪히는 바람'과 '얼굴에 부딪히는 바람'은 다릅니다. 후자가 더 시적일 수 있지만, 감각의 구체성은 전자에서 드러납니다. 이렇게 오감일기를 적으면서 우리는 선입견이나 평가 없이 자신의 감각을 찬찬히 느끼는 경험을 하게 됩니다. 그리고 이 감각들을 누구에게 보여주거나 칭찬받으려 하지 않는 솔직한 내 언어로 표현해보게 되고요.

제안하고 싶은 또다른 활동은 '셀프 토크'입니다. 나 자신과의 대화죠. 속으로 독백하는 게 아니라 실제 목소리를 내보는 행동입니다. 스스로와 대화할 때는 평서문으로 이야기하기보다 질문을 던지는 것이 좋습니다. 일단 자기에게 하고 싶은 질문을 여러개 적어보세요. 그리고 휴대폰이나 녹음기를 사용해 그 질문들을 녹음하며 자신에게 소리 내어 던져봅시다. 적어둔 질문을 그냥 읽는 게 아니라, 질문을 떠올렸을 때의 기분과 감정을 담아서 스스로에게 건네보는 겁니다. 이렇게 녹음된 질문을 목소리 자체에 귀 기울여 들어보기 바랍니다.

이 활동의 가장 큰 문턱은 내 목소리에 대한 생경함입니다.

꽤 많은 경우 스스로에게 질문을 한다는 '낯섦'의 시간을 충분히 누리기도 전에 "어우, 녹음된 내 목소리 듣기 싫어"라면서 녹음기를 끄고픈 마음이 듭니다. 하지만 다른 누군가의 목소리라고 무심히 생각하면서 목소리의 느낌과 결에 마음을 집중해보세요. 앞서 이야기한 오감일기를 쓸 때와 비슷한 낯섦을 버티다보면 내 목소리에 조금씩 익숙해집니다.

이제 중요한 단계입니다. 내가 써놓은 질문과 내가 말하는 질문을 비교해볼 겁니다. 예를 들어보죠. 미리 적어둔 질문이 "너는 왜 오타를 자주 내는 거야?"라고 해볼게요. 저 문장을 보자마자 오타를 내는 자신을 탓한다고 느껴서 움찔할 수도 있어요. 그러나 사실 이 문장 자체만 보면, 그냥 오타를 내는 이유를 묻고 있습니다.

이제 이 문장을 내가 녹음한 질문과 비교해봅시다. 어떤 사람은 문장 그대로, 궁금증을 담아 순하게 질문했을 수 있어요. 그런데 아마 대다수는 평가하는 마음을 담아, 비꼬듯이, 꾸짖는 어조로 자문했을 가능성이 높습니다. 이렇게 글로 쓴 질문과 발화한 질문의 느낌이 다르다면 이 차이에 주목하기 바랍니다. 말(의 사소통)에는 언어적 요소와 비언어적 요소가 있는데요. 목소리를 녹음해서 들어보면 나에 대한 내 비언어적 태도(비판적이고 적대

적이고 가혹한 태도)를 확인할 수 있습니다. 그리고 이러한 태도로 질문하는 나와 이를 듣는 나를 분리해봅시다. 녹음을 듣는 나는 일종의 관찰자아 역할을 하게 됩니다. 나를 발견하는 데 매우 중요한 역할이죠. 관찰이 반복되면 성찰이 가능해지고, 자동적인 부정적 사고를 멈출 수 있어요.

이것이 번아웃과 무슨 관계가 있느냐고요? 나는 사실 내 눈치도 봅니다. 눈치를 보다보면 감정노동을 하게 되죠. 감정노동이 심해지면 번아웃이 오는 건 시간문제입니다. 화를 내며 "너(나)는 왜 오타를 자주 내는 거야?"라고 질문할 때 그 속에는 '꾸짖는 나'와 '혼나는 나'가 있습니다. 혼나는 나는 꾸짖는 나의 눈치를 봅니다. 눈치를 보는 동안 혼나는 나는 불쌍한 어린아이가 됩니다. 마음 아픈 순간이죠. 스스로 눈치 보는 일이 반복되면, 실제로 행동은 바뀌지 않으면서 마음만 타들어갑니다.

이 셀프 토크의 목적은 내가 내 눈치를 보는 행동을 중단하도록 만드는 것입니다. 마음을 바꾸어먹으라는 이야기가 아니라, 간단한 행동 변화를 통해서 마음을 보호하자는 거예요. 내 경험자아와 관찰자아가 소통하려면 스스로에 대한 언어적 메시지와 비언어적 메시지를 일치시키는 것이 중요합니다. 이것이 바로 진정성입니다. 의미가 숨김없이 잘 통해야 마음도 닿습니다. 보고서를 작성할 때 오타를 내고 싶지 않다면 오타를 내지 않겠다고 다짐하는 언어적 메시지와, 오타를 내지 않는 방법을 찾아가는 열린 태도와 목소리라는 비언어적 메시지가 일치해야 합니다. 그래야 내가 나 자신을 혹독하게 대하지 않고, 내 눈치 보기에서 벗어나 스스로와 잘 연결될 수 있습니다.

스스로에게 목소리를 내서 질문해보고, 그 과정에서 자신과의 관계를 돌아보면 좋겠습니다. 한가지 팁을 드리자면 질문은 네, 아니요로 답할 수 있는 질문보다 육하원칙에 의거한 질문이 좋습니다. 그중에서도 가능하다면 '무엇'과 '어떻게'를 사용하는 질문을 해보기 바랍니다. "무엇을 어떻게 하면 좋을까?"라는 태도로요.

외롭고 지친 나를 위한 지지 체계를 만들어봅시다. 저는 이런 지지 체계를 '고민 공동체'라고 부르는데요. 서로 격려해주거나 고민을 털어놓을 수 있는 친한 친구를 두거나, 혹은 익명 게시판이나 채팅방에 이야기해도 괜찮습니다. 감정적으로 서로 지지해줄 공동체를 만드는 겁니다. 힘들 때 연락할 수 있는 비상연락망도 준비해두면 좋죠. 내가 연락을 할 수도 있고, 상대방도 고민을 털어놓을 수 있도록요.

비상사태에 쓸 응급 처방전을 만들어둘 것을 제안드립니다. 종종 기분이 바닥까지 가라앉고 나쁜 생각마저 드는 때가 있습니다. 스스로에게 상처를 입히고 싶을 수도 있고요. 이런 상황에 맞

닥뜨릴 정도로 지쳤을 때 내가 뭘 하면 좋을지 적어보며 응급 처방전을 만드는 겁니다. 응급 처방전이 굳이 필요할까 싶지만, 정말로 절망적인 순간이 오면 뭘 해야 하는지 단순한 것도 생각하기 어렵거든요. 기운이 없으면 아이디어를 떠올리기도 힘들죠.

완전히 지쳤거나 우울하거나 힘든 순간에 어떻게 기분을 전환하고 조절할지 적어봅시다. 응급 처방전은 구체적일수록 좋습니다. 위기 1단계에는 음악을 듣는다고 적었다면, 어떤 음악을 들을지 하나하나 생각해보세요. 2단계에는 웃긴 동영상을 본다고 적고, 어떤 동영상을 좋아하는지도 함께 기입해두면 좋습니다. 평소 구독하는 영상이나 좋아하는 '찜 리스트'를 같이 적어두면 도움이 되죠.

친구에게 메시지를 보낸다면 누구에게 연락하면 될지 순서를 정해서 써두세요. 그 친구들에게 미리 "내가 힘들 때 너한테 메시지를 보낼게"라고 이야기하고 동의를 구해두면 더 좋겠죠. 그 친구가 연락이 안 되면 또다른 어떤 친구에게 연락할지도 적어봅시다. 전화를 한다면 누구에게 먼저 전화할지, 언제 연락이 가능한지도 구체적으로 기록해두면 도움이 됩니다.

좋아하는 음식을 먹는다고 쓸 수도 있죠. 평소 좋아하는 음식을 순서대로 나열해봅시다. 밖으로 나갈 거라면 그냥 나간다고만 쓰지 말고 구체적으로 어느 공원에 가서 산책할지, 아니면 한강에 가서 자전거를 탈지 코스를 정해두면 좋습니다. 정말로 지쳤을 때는 이런 세세한 것들이 생각나지 않거든요. 최대한 자세히 적어둔 응급 처방전을 보며 쓰여 있는 걸 기계적으로 따라하다보면 기분이 나아지기도 합니다. 제가 말씀드린 건 하나의 예시입니다. 뜨개질로 인형 옷을 만들거나 귀여운 고양이 그림을 그리는 등 여러분만의 처방전이 되어줄 구체적인 리스트를 정리해보세요.

나만의 응급 처방전

	예시	처방전
1단계	좋아하는 가수의 음악을 듣는다. (플레이 리스트: _____)	
2단계	웃긴 동영상을 본다. (구독 리스트: _____)	
3단계	친구에게 메시지를 보낸다. (친구: ○○○, ○○○, ○○○)	
4단계	친구와 통화를 한다. (친구: ○○○, ○○○, ○○○)	
5단계	좋아하는 음식을 먹는다. (1번: ___, 2번: ___, 3번: ___)	
6단계	밖으로 나간다. (코스 1: _____, 코스 2: _____)	
7단계	필요 시 약을 먹는다.	

번아웃이란 나에게 지속적인 사회적 의무와 쉬지 않고 일을 해야 한다는 압박감이 침투한 상태예요. 이럴 땐 이 의무와 압박을 끊어내야 합니다. 나만의 경계를 만들고 그걸 지켜야 하죠. 번아웃이라는 파도가 몰려올 때 그 파도가 나를 삼키지 않도록 방파제를 미리 만들어봅시다. 주변과의 대화와 협상도 이끌어내고, 심리적인 안전도 지키도록 말이에요.

나를 지키기 위한 경계를 만들기 위해 저는 '단호함'assertiveness이 필요하다고 이야기해요. 자기주장이라고 할 수도 있는데요. 저는 이 개념을 전공의 시절 병동에서 접했습니다. 그때 내담자들을 모아놓고 자기주장 훈련을 했는데, 이 훈련에서는 거절하기,

내 의견 말하기, 내 기분 말하기, 사과받기, 사과하기 같은 것들을 연습합니다. "저는 그 업무는 할 수 없습니다" "저는 그렇게 생각하지 않습니다" "그런 말을 들으면 기분이 나쁩니다" 등이 그 예입니다.

누군가 나한테 무리한 업무를 주거나, 죄책감을 유발하거나, 과로를 요구할 때 어느정도 선을 그어야 번아웃을 방지할 수 있습니다. 이미 피로감이 가득 쌓인 상태라면 더더욱 선을 지켜야 하고요. 이때 꼭 필요한 것이 단호한 태도입니다. 대인관계에서 타인의 권리를 침해하지 않는 가운데 상대방의 의견을 존중하면서 자신의 감정, 권리, 욕구, 생각이나 의견을 솔직하고 직접적으로 표현하는 자세이죠.

우리가 사람을 대하는 태도를 크게 공격적인 자세, 수동적인 자세, 단호한 자세 세가지로 구분할 수 있습니다. 공격적인 자세란 상대와 다투거나 상대를 비난하고 위협하는 행동, 다른 사람의 감정이나 편안함을 인정하지 않는 태도를 말합니다. 흔히 말하는 '갑질'일 수도 있고, 자기 자신만을 사랑하는 사람들이 이런 태도를 보이기도 하고요.

수동적인 자세는 주로 여성이나 약자들이 어쩔 수 없이 취하는 태도입니다. 타인에게 결정을 미룸으로써 그 결정에 책임을 지지 않으려 할 때 나타날 수 있고, 또 결정을 내릴 에너지가 없을 정도로 지쳐 있을 때 나타나기도 합니다. 자신의 권리를 지키지 않으면 다른 사람이 그 권리를 침해하고 이득을 채갈 수도 있죠.

그리고 단호한 자세가 있습니다. 단호함은 다른 사람들이 자신을 조절하거나 통제하지 못하도록 선을 그을 때, 자신의 주장을 지키려 할 때, 자신의 진짜 느낌을 표현할 때 나타납니다. 단호함은 우리 모두가 동등하게 태어났고 평등하게 대우받아야 한다는 믿음에 기반합니다. 우리가 다른 사람의 권리는 침해하지 않으면서 우리의 권리를 지키도록 하죠.

그런데 우리나라에서는 단호한 태도를 취하는 게 어렵습니다. 왜 그럴까요? 자기주장 훈련을 연구한 심리학자 김인자 박사님은 그 이유를 우리가 비주장적 환경에서 성장하기 때문이라고 분석합니다. 아동이 자신의 생각이나 감정을 공개적으로 주장하는 일이 드문 환경에서 성장하니 자기주장을 내세우는 방법을 제대로 배울 기회가 없습니다. 부모한테 조금이라도 자기 의견을 말하면 "어디서 말대꾸야"라는 꾸중이 돌아오고, 부당한 상황에 불만을 표현하려고 하면 "어디 어른한테 눈을 똑바로 뜨고 대들어!" 하고 구박받기 일쑤죠. 감정이나 생각을 솔직하게 말하기 어려운 환경이에요. 그러니 자기주장을 표현하지 못하면서 성장한 것이고요.

　문제는 그런 비주장적 행동이 계속 강화된다는 겁니다. 주장 행동을 잘해서 칭찬을 받으면 계속해서 자기주장을 하게 되겠죠. 행동이 긍정적으로 강화됩니다. 반면 우리 교육제도와 유교적 유산은 오히려 비주장적 행동을 강화하죠. 말을 잘 들어야 착한 아이이고, 규칙에 순응해야 모범적인 아이가 됩니다. 순응하고 서열에 맞추어 행동하는 것을 학습할 기회는 많지만 주장 행동을 배울 기회는 적습니다. 그러니 자기주장을 표현할 틈 없이 비주장적 행동은 계속 강화됩니다.

　결국 비주장적 환경에서 비주장적 행동을 계속 강화하며 성장한 구성원은 비합리적인 신념을 받아들입니다. '나는 받아들여지지 않을 것이다' '내가 이야기해도 아무 소용이 없다' '인간관계는 원래 서열적이다' '내 말은 효력이 없다' 같은 신념에 젖게 되는 거죠. 이런 생각들이 단호한 행동을 하지 못하도록 막습니다.

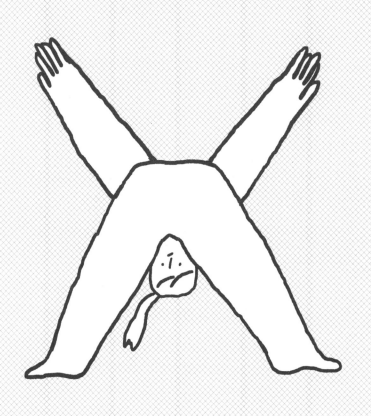

여러분이 원하는 것과 원하지 않는 것을 선택했을 때 각각 어떻게 느끼는지를 말해봅시다. 그러려면 먼저 스스로를 관찰하고 말하고 싶은 것이 무엇인지 명확히 알아야겠죠. 필요하면 글로 쓰는 것도 방법입니다. 우선 우리의 요구를 구조화해볼까요?

상대방이 어떤 행동을 했을 때 나는 무엇을 느꼈는지, 그래서 상대방이 어떻게 하길 바라는지, 그러면 내가 어떻게 느낄지를 내 나름대로 정리해서 이야기하는 거예요. 예를 들어 매일 지각하는 동료에게 불만이 있다면 이렇게 요구를 구체화할 수 있겠죠.

네가ᅠᅠᅠᅠᅠᅠᅠᅠᅠ했을 때,

나는ᅠᅠᅠᅠᅠᅠᅠᅠ를 느꼈다.

그래서ᅠᅠᅠᅠᅠᅠᅠ했다.

나는 네가ᅠᅠᅠᅠᅠᅠᅠ하면 좋겠다.

네가ᅠᅠᅠᅠᅠᅠᅠ한다면 (긍정적)일 것이고,

네가ᅠᅠᅠᅠᅠᅠᅠ할 수 없다면 (부정적)일 것이다.

"당신이 그 프로젝트 그룹 미팅에 늦었을 때 나는 정말 화났다. 여기 온 사람들은 시간을 낭비했고 당신의 아이디어도 들을 수 없었다. 나는 당신이 제시간에 오면 좋겠고, 불가피하게 늦을 경우 미리 알려주면 좋겠다. 그러면 미팅을 제시간에 시작하고 당신의 아이디어를 나중에 들을 수 있을 것이다. 당신이 늦는다면 우리는 당신 없이 미팅을 진행할 것이다."

문제 상황을 구체적으로 정의해야 합니다. 사실을 기술하고, 의견과 믿음을 공유하는 거죠. 단, 단호한 자기주장을 할 때 평가나 해석은 피해야 합니다. "내가 매일 밤 당신과 만나서 논다면 시험에 떨어질 거야" 같은 말은 좋은 예가 아니죠.

내가 원하는 바, 느낀 바를 정확히 표현하는 연습을 해보는 겁니다. 이때 '나 전달법', 즉 내가 어떻다는 사실을 이야기하는 게 효과적입니다. 스스로의 느낌을 알리는 거죠. 어떤 행동과 관련해 특별히 무엇을 원하는지, 그 변화가 어떤 긍정적인 결과를 가져올지 등을 말이에요. 다른 사람의 행동에 대한 내 느낌을 말하는 것은 매우 가치 있는 결과를 가져옵니다. 상대방이 내 바람대로 행동하지 않으면 나를 지키기 위해 무엇을 하려는지도 말해야 합니다. 이때 내 제안이 받아들여질 수도 있고 그렇지 않을 수도 있습니다. 어쨌든 자기 감정을 속 시원히 표현했으니 어느정도 마음이 정리되고, 자신의 욕구를 명확히 전달할 수 있다는 점에서 도움이 됩니다. 상대와 타협하거나 새로운 대안이 도출될 수도 있고요.

이런 단호한 조치에는 보디랭귀지를 사용하는 등의 비언어적인 행동도 포함됩니다. 내 주장을 강조하기 위해 몸짓이나 표정을 활용하는 것도 중요하죠. 명확하고 단호한 목소리를 사용하되, 상대를 노려보지 않고 눈을 굳건히 맞추어야 합니다. 단호한 태도는 자신의 의사를 정확히 전달하는 필수적인 요소입니다. 다른 사람이 말하는 것을 이해하지 못하면서 이해하는 척하지 않는 것도 중요합니다. 타인의 느낌과 자세를 명확히 이해하기 위해 적절히 질문을 던지는 태도도 필요하겠죠.

어떤 때는 여러분의 욕구나 바람이 타인의 욕구나 바람과 충돌할 수도 있습니다. 양쪽을 온전히 만족시키는 해결책을 찾기 어려울 수도 있고요. 완벽한 해결책을 찾느라 힘을 빼거나 갈등을 일으키는 대신, 둘 다에게 적용 가능한 적절한 합의점을 찾으려는 자세가 필요합니다.

단호함이나 자기주장은 어려운 개념이지만 무척 중요합니다. 우리는 서열이 명백한 사회, 그리고 알아서 눈치껏 처신해야 하는 고맥락적인 사회를 살아가고 있습니다. 예컨대 서열이 높은 사람이 있으면 '알아서 모셔야 한다'라는 생각이 지배적이죠. 나도 모르게 윗사람의 눈치를 보고, 그가 좋아하는 행동을 하고, 그가 기분 나빠하면 기분을 풀어주려고 하잖아요. 그러다보니 내 감정을 편안하게 표현할 수 없고 이 과정에서 에너지도 굉장하게 소모됩니다.

물론 사회생활을 하다보면 어느정도 '가면을 쓴 인격', 즉 페르소나를 쓸 수밖에 없습니다. 그런데 그 페르소나를 유지하는 데 에너지를 몇 퍼센트나 쓰느냐가 중요합니다. 모든 에너지를 페르소나에 써버리면 진짜 나 자신을 지킬 힘이 남아 있지 않겠죠. 내 에너지의 절반 정도만 페르소나에 쓰겠다고 생각하면 좋습니다. 꼭 필요한 사회생활은 하되, 어느정도는 꾸밈없는 나 자신으로 있으면서 쉬기도 하는 거죠. 내가 어느 상황에 얼마나 에너지를 쓸지 생각해보면 좋겠습니다.

끝으로 드리고 싶은 말씀은, 번아웃에서 회복하기 위해 다양한 활동을 시도해보는 것 자체가 의미 있다는 것입니다. 이 과정에서 조심해야 할 점은 '이 활동을 통해 번아웃에서 벗어나야만 한다'라고 부담을 안고 시작하면 활동이 제대로 작동했는지 평가하려고 드는 결과주의에 빠질 수 있다는 겁니다. 회복조차 효율적으로 하려고 하는 거죠. 그러니 번아웃으로부터 회복하는 것을 이분법적으로 보는 일은 부디 피했으면 좋겠습니다.

언젠가 신경세포가 사멸하는 과정을 전자현미경으로 촬영한 영상을 본 적이 있습니다. 세포에서 삐죽삐죽 뻗어나와 있던 수많은 수상돌기들이 하나하나 움츠러들거나 사라지더니 결국 밋밋한 세포가 되었습니다. 그러더니 결국 세포 내부의 활력이 급속도로 줄어들고 활동이 멈추더라고요. 인간도 비슷합니다. 심한 스트레스와 과로로 인해 에너지의 저장량과 가용량이 줄어들면, 외부를 향한 관심과 활동부터 하나씩 줄어들게 됩니다. 스트레스의 원인이 되는 외부 요인을 차단하고, 생존에 덜 필수적인 대인관계에 사용하는 에너지를 줄여 방전을 막고자 하는 전략입니다. 사람을 만나 사귀고, 사회에 관심을 두고 활동하는 등 외부와 소통하는 일에는 에너지가 많이 드니까요. 이 전략을 통해 일시적으로 에너지를 절약하면서 생물학적으로 회복하는 것이 맞습니다. 그러나 어느정도 신체적·정서적 고갈이 해소된 이후에는 다시 세상과 만나야 합니다. 내·외부와 활발히 소통하고 끊임없이 상호작용하며 항상성을 유지하는 것이 생명체의, 그리고 신경계의 자연스러운 상태이기 때문입니다.

번아웃에서 외부와의 연결을 이야기한다는 것이 어쩌면 약간 생뚱맞게 느껴질 수도 있겠습니다. 해야 할 일에 지쳐 회복하기도 힘든 상태인데, 다른 누군가와 연결되는 것이 도움이 될까요? 네, 번아웃 회복 과정의 중반 단계 이후부터는 다른 사람과 연결되어 있으려는 노력이 도움이 됩니다. 더 정확하게 말하자면, 연결은 스트레스나 번아웃에서 회복하기 위한 마지막 단계예요.

여기서 중요한 것은 지금까지 나를 힘들고 지치게 했던 대상과는 다른 대상과 환경에서, 이전과는 다른 방식으로 다시 연결되어야 한다는 겁니다. 스트레스에서 잘 회복하고는 하나도 바뀌지 않은 환경으로 돌아가 이전과 같은 방식으로 다시 과로한다면, 얼마 안 가 비슷하게 번아웃이 오지 않을까요?

연결은 회복에 필수적인데 이전과는 좀 달라야 한다니, '그게 쉽지 않은데 어쩌란 말이냐' 하는 생각이 들지 않나요? 그래서 제가 강조하는 것이 연결감입니다. 연결감은 서로 판단하거나 평가하지 않는, 위계가 없는 상태에서 온전한 개인들이 서로를 침해하지 않고 안전하게 연결될 때 느끼는 감정입니다. 인간이 다른 인간과 연결되어 있음을 느낄 수 있는 감정에는 연대감, 결속감, 공동체 의식, 친밀감 등 다양한 이름이 있습니다. 그런데 제가 새롭게 '연결감'이라는 단어를 제시하는 건 한국의 서열주의나 집단주의, 위계가 강한 그동안의 역사나 맥락에 오염되지 않은, 분리되고 개별화된 개인끼리의 연결을 강조하고 싶은 마음에서입니다.

사람들 사이의 연결은 어떤 것이든 모두 어느정도 의미 있고 아름답지만, 한국 사회는 일제강점기, 전쟁, 군사정권, 고성장기를 거치며 집단주의, 서열주의, 가부장적인 질서, 결과만능주의를 강화해왔습니다. 공동체라는 미명하에 약자들의 희생을 정당화했고, 오늘날에도 이런 분위기가 개인의 번아웃의 큰 원인이 됩니다. 그래서 번아웃에서 회복되어 세상과 재연결될 때는 무엇보다도 온전한 개인으로서, 대의나 거대 집단에 희생되지 않는 안전한 연결이 필요하다는 것을 강조하고 싶습니다.

연결감 자체는 스트레스와 번아웃으로부터 회복하기를 고민하던 중 떠올리고 구체화한 개념입니다. 2017년에서 2018년으로 넘어가던 무렵, 협업하고 있는 정신건강 콘텐츠 기업의 정경록 기획자님과 저는 우리 사회의 구성원 대다수가 번아웃 또는 그 직전 상태에 처해 있다는 문제의식을 공유하고 있었습니다. 그 가운데 진료와 상담 외에 일상생활에서 시도해볼 수 있는 회복 방법들을 고민해봤어요. 번아웃을 느끼는 사람들의 감정이 메마르거나 감각이 밋밋해지고, 또 스스로의 상태를 잘 의식하지 못한다는 점에 주목했습니다.

둔화된 심신을 깨우기 위한 쉬운 첫 시도는 감각, 특히 오감을 되살리는 것이라는 기획자님의 의견을 발전시켜보기로 했습니다. 감각 자체가 몸과 자신의 느낌을 연결하는 신호이고, 또 감각은 중립적이기 때문에 좋다, 나쁘다, 잘한다, 틀렸다, 못났다 등의 평가 없이 스스로를 그대로 바라보고 느끼게 하거든요. 여러 감각에 대한 각자의 선호나 기억, 감각에서 감정으로 자연스럽게 연결되는 순간 등을 이야기하다가, 기획자님의 강렬하고 소중한 느낌을 듣게 되었어요.

기획자님은 이전에 다큐멘터리 영화 만드는 일을 했습니다. 좋은 다큐멘터리를 만들기 위해서는 출연자인 일반인들의 진솔한 이야기를 담아내는 것이 중요하다고 합니다. 이분은 출연자들과 나누는 인터뷰를 무척 좋아하는데, 왜 어떤 날은 대화가 잘되고 어떤 날은 대화가 잘 안 될까 하는 질문을 오랫동안 품고 있었습니다. 대화가 잘되는 날에는 서로의 마음이 닿아서 상대방의 이야기에 깊이 공감하며 같이 눈물을 흘리기도 하는 경험을 했다고 합니다. 몇년간 경험해보니 이런 대화는 의외로 우연히 일어나는 게 아니더랍니다. 인터뷰어가 꾸준히 출연자들을 만나 생활을 공유하고 편안해지는 등 몇가지 조건이 쌓이고 분위기가 조성되면 자신의 깊은 아픔이나 감동적인 기억 등을 생생히 공유하는 순간까지 이르는 것 같다고 해요. 그리고 출연자가 자신의 기억과 감정에 깊이 몰입해 이것을 스스럼없이 표현하고, 인터뷰어도 이를 함께 느끼는 그 순간의 느낌과 감정이 말할 수 없이 인상적이라고 했습니다.

이 이야기를 듣고 저 역시 내담자들과 진료를 진행하면서 시간과 신뢰가 쌓여, 내담자가 자신의 솔직한 감정을 깨닫게 되거나 잊고 있던 중요한 기억에 도달하는 순간을 떠올렸습니다. 그 순간 내담자와 치료자는 대화하면서 서로 비슷한 것을 느끼고 깊이 연결된다고 느끼거든요. 마치 댐 안에 물이 조금씩 차오르다가, 수문이 왈칵 하고 열리는 마음 닿음의 순간. 이때 저희는 거의 동시에 외쳤어요. "뭔가, 연결감 같은 것!"

제가 이렇게 연결감의 탄생 과정을 말씀드리는 것은 이 과정

자체가 누구 한명이 앞서가거나 단정하거나 평가하지 않는, 연결감이 넘치는 대화 속에서 이루어졌고, 그것이 매우 의미 있는 경험이었기 때문입니다. 여러분께 연결감이라는 느낌을 자신 있게 제시하고 권할 수 있는 이유이기도 하고요.

우리는 모두 사회적 존재입니다. 저는 모든 사회적 존재는 배려받으면서 안전하게 연결되어 있어야 한다고 말씀드리고 싶어요. 사람들은 사회라는 커다란 망 안에서 함께 살아가기 때문에 서로 공감해주고 이해해주는 게 큰 도움이 됩니다. 우리에게는 위계에 의한 불안이나 부당한 일을 겪지 않을 권리가 있고, 이를 위해 서로 지켜주고 보호해야 합니다.

'취약성의 고리'라는 개념이 있습니다. 우리가 서로 취약한 부분을 솔직히 이야기하려면 안전한 친밀함이 필요합니다. 내가 못하는 것, 힘들어하는 일, 어려워하는 상황을 이야기할 때 내 나약함을 받아주고 서로의 취약함을 털어놓을 수 있는 상대가 필요해요. 창피한 속사정을 나눌 수 있는 사이 말이에요. "난 이걸 못해. 난 이게 너무 힘들어" 하고 말했을 때 "넌 왜 그래? 너 되게 이상하다"라고 비난하는 사람이 아니라 "너는 그렇구나. 내가 어떻게 도와주면 좋을까?"라고 답해줄 수 있는 사람이 필요합니다. "나는 그건 힘들지 않은데 이건 힘들어"라고 고백하면서 서로 약점을 교환할 수 있는 사람도 좋고요. 그런 사이에서는 경계를 늦출 수 있으니 좀더 편해집니다. 이런 관계를 맺을 수 있는 안전한 환경 역시 중요하고요.

연결감이란 내 감정과 선택, 삶의 불확실함 등의 위험성을 용기 내어 드러내고, 내 용기를 상대방이 평가나 추정, 예측 없이 그대로 받아주는 찰나의 순간에 느끼는 감정입니다. 관계 내에서 안전하다고 느끼는 순간이죠. 평가하고 판단하지 않는 '심리적 안전' psychological safety 속에서 이 찰나의 경험을 주고받으며 우리는 신뢰와 친밀감을 쌓고 적절한 관계를 맺게 됩니다. 그리고 안전한 관계 위에서 비로소 창의적인 활동을 하고, 공통의 목표를 향해 모험하고, 상호 협력할 수 있습니다.

연결감은 느끼는 것을 발견하는 과정입니다. 몸과 마음의 느낌을 찾아가는 과정에 틀린 것은 없습니다. 연결감을 느끼려면 평가받지 않는 안전한 환경에서 자신의 감각을 확인하고, 타인이나 집단과 감정을 공유해 관계로 확장하는 연습이 필요합니다. 자기와의 연결감이 타인과 집단으로 퍼져나가는, 자연스러운 과정이죠.

즉 연결감은 자신만의 내재적 동기, 재미, 의미 등을 따르도록 하는 안전망이며, 이런 안전망이 사회적인 영역으로 확장되면 내 고민의 세계에서 한발짝 더 나아갈 수 있습니다. 우리 사회가 어떻게 되기를 바란다는 상상을 하는 것도 중요합니다. '나는 좀더 안전한 사회에서 살고 싶다' '인권감수성이 높은 사회가 되면 좋겠다' '약자가 차별받지 않는 사회를 만들면 좋겠다' 같은 생각들 말이에요. 더 나아가면 내가 맺고 있는 관계, 좋아하는 사람들, 살아가는 사회에 대해 진지하게 고민할 수도 있습니다. 결국 혼자서만 효율적으로 살아야 한다는 생각에서 벗어나는 데 연결감이 큰 도움이 됩니다.

1. 질병의 원인을 제거하세요.

질병의 원인을 파악한 후 제거해야 합니다. 때로는 직장을 포기하거나, 직종 자체를 바꾸고 이직하거나, 다른 장소로 이사하거나, 관계를 끝내는 등 어려운 결정이 필요합니다.

2. 몸을 쉬게 하세요.

장기적인 만성 스트레스는 우리 몸과 뇌 구조의 물리적인 변화를 유발합니다. 몸에 귀를 기울이고 피곤할 때 무조건 충분한 휴식을 취하세요.

3. 신체적·정신적 활동을 점차 늘리세요.

규칙적인 일상생활을 하면서 신체적·정신적 활동을 점차적
으로 늘리세요. 너무 빨리, 너무 많이, 너무 급히 시도하지 않는
것이 중요합니다.

4. 완벽해지려고 노력하지 마세요.

'전부 또는 전무'all or nothing 식의 대처는 번아웃을 악화하는
요인입니다. 완벽주의적 성향이나 타인을 기쁘게 하기 위해 무리
하는 성향도 위험합니다. 모든 일에 완벽할 필요가 없다는 사실
을 기억하세요.

5. 생활을 재구성하세요.

내일 일어날 일을 기대하고, 흥미롭고 즐거운 경험을 매일 하
는 것이 중요합니다. 긍정적인 동기부여를 통해 목표를 향해 노
력하고, 즐거운 신체적·정신적 활동에 참여하세요.

6. 수면 문제를 해결하세요.

매일 밤 같은 시간에 잠들도록 노력하고 긴 낮잠을 피하세요.
낮 동안의 활동과 규칙적인 일과는 수면을 촉진합니다. 아침 또

는 낮의 햇빛은 생체시계를 재설정하는 데 도움이 됩니다. 밤에 잠들기 어렵다면 졸릴 때까지 약한 조명을 사용해 책을 읽는 것도 좋은 방법입니다.

7. 트리거를 피하세요.

인생에서 스트레스와 어려움을 모두 제거할 수는 없지만 장기적인 정서적 침체, 과도한 압박을 받는 직업, 잦은 분노가 일어나는 상황에 빠지는 것을 되도록 피해야 합니다. 분노나 패배감을 다스리는 데 마음 챙김 명상이 유용합니다.

8. 통제하고 조절하세요.

항상 자신의 생활과 일을 조절하고 있음을 느끼세요. 제어가 부족하고 스트레스에 복종하는 경우 우리 몸에 부정적인 영향을 줍니다. 통제력 부족은 스트레스와 관련된 건강 문제의 주요 원인이기도 합니다.

9. 몰입과 창의성을 느끼세요.

여러 연구에 따르면 더 많은 몰입 경험을 한 사람들이 더 행복하고 덜 소진된다고 합니다. 즐거움을 주는 목표를 세우거나